연대하는 페미니즘

연대하는 페미니즘

호주제 폐지부터 탈코르셋까지 함께 쓰는 우리의 이야기

초판 1쇄 펴낸날 2021년 2월 5일

지은이 정현백
펴낸이 이건복
펴낸곳 도서출판 동녘

주간 곽종구
책임편집 정경윤
편집 구형민 강혜란 박소연 김혜윤
마케팅 권지원
관리 서숙희 이주원

등록 제311-1980-01호 1980년 3월 25일
주소 (10881) 경기도 파주시 회동길 77-26
전화 영업 031-955-3000 편집 031-955-3005 **전송** 031-955-3009
블로그 www.dongnyok.com **전자우편** editor@dongnyok.com
인쇄·제본 새한문화사 **라미네이팅** 북웨어 **종이** 한서지업사

연대하는 페미니즘

호주제 폐지부터
탈코르셋까지 함께 쓰는
우리의 이야기

정현백 지음

동녘

"나는 또한, 그(남성)들이 페미니즘에 대해
제대로 알기만 한다면 페미니즘 운동이 가부장제의
속박에서 그들 자신을 해방시켜줄 희망임을
알게 될 것이기 때문에 그들이 더 이상
페미니즘을 두려워하지 않을 것이라 믿는다."

— 벨 훅스,
《행복한 페미니즘(Feminism Is For Everybody)》

"우리는 민주주의 시대가 세대마다 새롭게 해야 할,
살아 있고 손상되기 쉬운 것임을 안다."

— 나오미 울프,
《무엇이 아름다움을 강요하는가(The Beauty Myth)》

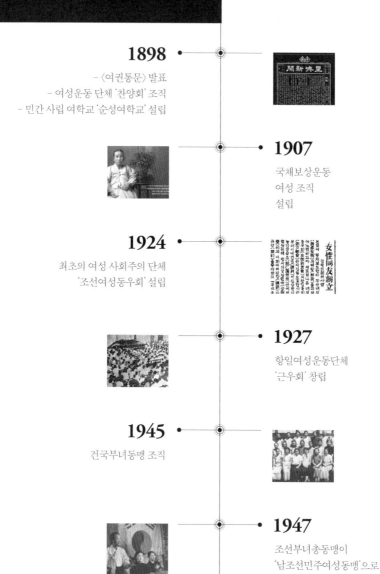

**저항하고
연대했던
한국 페미니즘 운동의
기록**

1898
- 〈여권통문〉 발표
- 여성운동 단체 '찬양회' 조직
- 민간 사립 여학교 '순성여학교' 설립

1907
국채보상운동
여성 조직
설립

1924
최초의 여성 사회주의 단체
'조선여성동우회' 설립

1927
항일여성운동단체
'근우회' 창립

1945
건국부녀동맹 조직

1947
조선부녀총동맹이
'남조선민주여성동맹'으로
개편됨

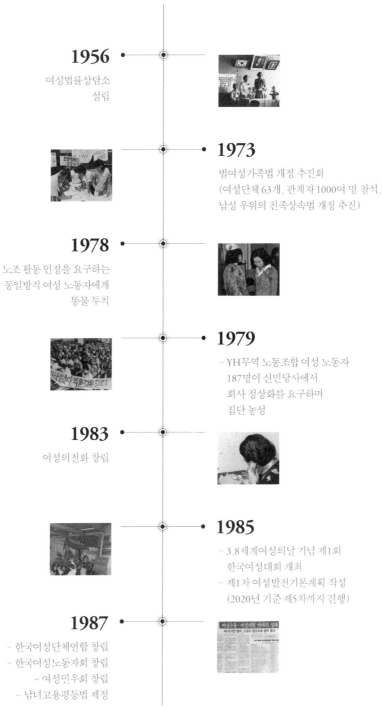

1956

여성법률상담소
설립

1973

범여성가족법 개정 추진회
(여성단체 63개, 관계자 1000여 명 참석.
남성 우위의 친족상속법 개정 추진)

1978

노조 활동 인정을 요구하는
동일방직 여성 노동자에게
똥물 투척

1979

- YH무역 노동조합 여성 노동자
  187명이 신민당사에서
  회사 정상화를 요구하며
  집단 농성

1983

여성의전화 창립

1985

- 3.8세계여성의날 기념 제1회
  한국여성대회 개최
- 제1차 여성발전기본계획 작성
  (2020년 기준 제5차까지 진행)

1987

- 한국여성단체연합 창립
- 한국여성노동자회 창립
- 여성민우회 창립
- 남녀고용평등법 제정

1990

- 한국정신대문제대책협의회 창립
- 혜영·용철이 사건

1991

- 영유아보육법 제정
- 민간 차원 최초의 남북 교류 '아세아의
  평화와 여성의 역할' 서울 토론회
- 송백권 사건

1992

- '아세아의 평화와 여성의 역할' 평양 토론회
- 김영오 사건

1993

성폭력특별법 제정

1995

- 베이징 제4차 세계여성대회 개최,
  〈여성행동강령〉 선포
- 여성발전기본법 제정
(2014년 양성평등기본법으로 바뀜)

1997

- 오원종 사건
- 가정폭력방지법 제정

1998

대통령 직속 여성특별위원회 신설

1999

- 공무원 시험 군가산점제 위헌 결정
- 남녀차별금지및규제에관한법 제정

2000

- 군산 대명동 업소 화재 사건
- 정당법 개정(광역의회 비례대표 후보 50퍼센트 여성 할당)

2001

여성부 출범
(여성특별위원회를 여성부로 승격)

2002

군산 개복동 업소 화재 사건

2003

'17대 총선을 위한 여성연대' 조직

2004

성매매방지법 제정

2005

- 호주제 폐지를 골자로 한
민법 개정법률안 통과
- 6·15민족공동선언실천 남측위원회와
남측여성본부 창립

• **2008**

  동북아여성평화회의 개최

2010 •

여성부를 여성가족부로 개편

• **2014**

  – 기지촌 여성 120여 명 국가배상
    청구소송 제기(이후 부분 승소)
  – WCD 설립, 휴전선 횡단하며
    남과 북에서 평화대회 개최

2016 •

  – 강남역 살인 사건
  – 낙태죄 폐지를 위한 '검은 시위' 공동 주최

• **2018**

  – 한 검사의 성추행 피해
    고발과 미투 운동 점화
  – 디지털 성폭력에 저항하는
    '불편한 용기'의 6차에 걸친 시위

책을 펴내며
어느 올드페미의 편지

나의 대학 시절은 전태일로 시작되었다. 1970년 "내게 대학생 친구가 있었으면 ⋯"을 되뇌던 평화시장 노동자 전태일은 분신을 통해 열악한 노동 현실을 세상에 알리고 죽었다. 이를 시작으로 수출자유지역이라고 지칭되던 구로공단, 부평공단, 마산공단 등에서 뒤이어 일어난 여성 노동자의 집단행동은 어린 여성 노동자들의 낮은 임금, 13~14시간에 이르는 장시간 노동, 그리고 성희롱과 구타를 포함한 비인간적인 처우를 세상에 알렸다. 만나는 선배들은 끊임없이 전태일의 죽음과 노동자의 비참한 현실을 강조했다. 우리는 노동자 야학으로, 공단 실태조사로 몰려다니면서 우리의 비겁함에 자학했고, '지식인의 빚 갚기'에 골몰했다.

즐겁고 낭만적이어야 할 대학 역시 깊은 슬픔과 우울에 잠겨 있었다. 71학번인 나는 1971년 위수령부터 1974년 민청학련 사건에 이르기까지 정확히 4년 동안 매년 휴교령을 겪어야 했다. 박정희 군부정권은 긴급조치니 계엄령을 발포할 때마다 대학의 문을 닫았다. 신문 호외가 거리에 뿌려졌고, 그래도 미련이 남아 대학 앞에 가면 육중한 탱크와 함께 닫힌 교문을 지키는 무장한 공수부대원을 만났다.

이때 목구멍까지 차올라오는 슬픔을 나는 지금도 가끔씩 회상한다. 친구들은 중앙정보원, 육군 보안사령부, 경찰 치안본부에 끌려가 고문을 당했으며, 그래도 구속되지 않고 운 좋게 풀려나면 군대로 강제 징집되었다. 용산역에서 논산훈련소로 떠나는 친구들을 전송하면서, 식민지 시대에 지은 낡고 을씨년스러운 고척동 형무소에서 친구를 면회하면서 우리는 많이 울었다. 이런 슬픈 과거 속에서 1980년대 말 새 여성운동의 1세대가 자라났다. 그런데 이제 이런 이야기들은 젊은 페미니스트들에게 모두 올드 페미니스트 꼰대들의 고생담에 불과한 것 같다.

1979년 10월 박정희 대통령의 죽음과 더불어 민주화가 찾아오자, 그간 민주화 달성과 노동문제에 골몰하던 여성들은 군부독재 타도라는 급박한 과제 때문에 옆으로 미루어둔 비참한 성차별 현실에 주목하기 시작했다. 여성민우회, 여성노동자회, 여성의전화, 그리고 이들을 아우르는 연대 조직인 한국여성단체연합 창립과 함께 여성 활동가들은 30여 년 동안 열정적으로 일했다. 낮은 급여를 감수하고 며칠씩 밤을 새는 일은 다반사였다. 그 결과, 한국은 법과 제도의 측면에서 여성 인권과 지위가 신속히 향상되는 경험을 했다. 그럼에도 성 평등을 둘러싼 문제들은 여전히 도처에서 나타나고 있다.

지금 여성들, 특히 젊은 세대 여성들은 새로운 억압적 현실에 방치되어 있다고 외치기 시작했다. 지구화와 기술혁명은 급격히 밀려오는데, 느리게 변화하는 가부장적 관행과 문화가 여성의 삶을 위협하고, 불안과 공포가 현실을 지배하고 있다. 성희롱과 성폭력 피해를 겪는 여성들이 많고, 특히 디지털 세계에서 발생하는 성폭력은 심각한 수준이다. 이런 열악한 현실을 자각하게 된 여성들은 '불편한 용기'의 시위 등에서 유례없는 규모와 열기를 보여주며 격렬하게 목소리를 내기 시작했다. 이는 아무리 법과 제도가 바뀐들 우리 삶 속에 모세혈관처럼 스며든 가부장제, 그리고 이를 뒷받침하는 문화와 의식이 변하지 않는 한, 그리고 그 중간재 역할을 할 민주주의의 일상적 심화 없이는 성 평등을 달성할 수 없다는 현실에 대한 좌절감이다.

이제 신세대 페미니스트들은 기존의 페미니스트들을 '올드페미'와 '영페미'로 지칭하고, 스스로에게는 '헬페미'라는 이름을 붙인다. 이들은 과거 선배 페미니스트의 활동이 이론으로 정답을 찾아가는 것이기에 의미가 없다며, 지금 헬페미에게는 불편한 현실의 완전한 전복이 필요하다고 주장한다. 이들은 파괴가 있어야 창조가 있다고 생각한다. 이런 주장이 나는 일리가 있다고 생각한다.[1]

그러나 30여 년을 여성운동에 몸담아온 '올드페미'들은 신세대 페미니스트들의 '거리두기'가 서운하다. 운동가를 자처하지만 대학이라는 공간으로 살짝 비켜나 있었던 나로서는 늘 동료 여성운동가들이 지나온 험한 세월 그리고 경제적 난관과 과로로 점철된 고단한 삶에 대해 죄책감을 갖고 있다. 그래서 그들의 과거가 신세대와 공유되고 기억되기를 희망한다. '올드페미'의 고민과 성찰이 '영페미'와 '헬페미'의 그것과 만나 차이 속의 공동체를 만들고, 그곳에서 페미니즘의 미래가 열리기를 기대한다. 그래서 이 책은 영페미와 헬페미를 향한 나의 말 걸기이다.

한 개인, 한 집단, 한 세대가 겪는 고통은 서로 비교될 수 없다. 각 개인에게 그것은 그 자체로 쓰라린 아픔이다. 그래서 내 고통이 더 크다고 단정 짓기보다 서로의 고통을 말하고, 공감하며, 함께 싸워가야 한다. 개인의 현실, 관심, 문제에 따라 젠더 의제는 전혀 다르게 다가오겠지만, 각자의 자리와 차이를 인정하고 존중하는 가운데 함께 만들어내는 페미니스트 공동체를 나는 소망한다. 이러한 집합적 개인주의(collective individualism)의 구현에 이 책이 기여할 수 있기를 바란다.

과거는 미래를 만든다. 그래서 "역사 없는 민족에게는 미래가 없다"고 말한다. 마찬가지로 성 평등한 미래를 소망하는 페미니스트 공동체에게도 역사가 필요하다. 페미니스트의 역사 속에는 시·공간을 가로질러 여성들이 살아온 질곡과 고통의 과거가 들어 있다. 또한 이를 뚫고 투쟁해온 여성 주체들의 능동적인 행동도 드러난다. 역사 속 여성의 경험은 시대를 가로질러 전유되기도 하고, 과거의 고통은 여전히 우리 속에 남아 있기도 하다. 그래서 공유하는 역사는 바로 '연대하는 페미니즘'의 기초가 된다. 가까운 과거의 역사는 더욱 그러하다.

마지막으로, 이 책이 호명하고 싶은 또 다른 독자는 교사들이다. 청소년 페미니스트, 탈코르셋 운동, 여성혐오가 상존하는 학교 현장에서 청소년을 가르쳐야 하는 교사에게도 이 책이 페미니즘에 대한 이해를 높이는 데 도움이 되기를 기대한다. 온라인을 통한 여성혐오가 급격히 범람하고 여성 청소년들의 젠더 감수성과 자각도 높아진 요즘, 교사들도 당혹해하고 있다. 청소년 페미니스트들은 성 평등에 대해 호기심이 많고 학교 현실에 대해 강한 비판의식이 있지만, 교사도 부모도 그러한 의문을 해소해주거나 지적 욕망을 충족해주지 못한다고 호소한다. 성차별이나 성적 불평등의 다층적인 단면을 불지언정 그 내면에 얽혀 있는 정치적·사회적·문화적 맥락을 읽어내기는 쉽지 않다. 이 책에 정리된 역사를 통해 페미니즘의 전체 모습을 본다면, 교사들은 구체적인 현실의 도전에 대해 좀 더 합당한 대응을 할 수 있을 것이다.

차례

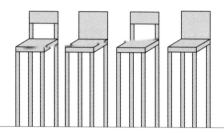

1

세상을 뒤집은 목소리

2
다시 쓰는 우리의 이야기

3
페미니즘은 역사를 만든다

페미니즘은 민주주의를 완성한다

우리 모두는 새 시대에 살고 있다. 4차 산업혁명 시대에 우리는 신속한 기술 발전에 경외감을 갖는 동시에 미래의 불확실성을 대면하고 있다. 물리적 환경 외에도 우리의 생각, 사회적 관계, 일상적인 삶 모두가 급속한 변화의 과정에 있다. 더욱이 누구도 예상하지 못한 '코로나 19'가 한국뿐 아니라 전 세계에 몰아치면서, 당혹감과 불안감을 안고 삶과 사회에 대해 다시 사고하고 조직해야 할 선택의 순간에 서 있다.

2016년 10월부터 이어진 촛불혁명 이후, 우리는 일상에서 갑질 행위를 축출하고, 일상 민주주의를 실현하며, 경제민주화에 대한 시민적 열망을 담아내야 하는 새로운 시대적 요구에 직면했다.

SNS의 발전도 사회적·정치적 관계뿐 아니라 개인 간의 관계를 또 다른 차원으로 안내하고 있다. 이제 시민들은 사회나 국가를 우선 시하는 관행을 넘어 개인과 삶의 의미를 질문하고 있다.

새 시대는 온갖 의견을 들고 거리에 나오는 시민들의 모습과 더불어 시작되었다. 동시에 SNS를 통해 상호 교차적으로 활발한 소통이 이루어지고 있다. 과거라면 발언하지 않거나 발언할 수 없었던 시민들도 이제는 다양한 방식과 통로로 말하기 시작했다. 좋은 현상이다. 그러나 다양한 세대·계층·성별의 사람들이 만나면서 충돌과 몰이해와 갈등도 도처에 나타나고 있다. 사회 양극화와 경제적 불평등, 그리고 일자리를 잃고 거리로 밀려나는 사람들을 통해 사회적 위기의 심각한 징후가 읽힌다.

들끓는 시대의 한복판에서 성 평등은 사회 전체가 주목하는 크나큰 화두로 떠오르고 있다. 이는 과거사에서 유례가 없을 만큼 활발히 거론되고 있는데, 문재인 정부의 등장 이후 여론의 큰 주목을 받는 청와대 게시판의 국민청원 현황이 이를 잘 입증한다. 2018년 기준 하루 평균 740건씩 올라오는데, 청와대가 답변한 53건 중 단일 이슈로 가장 많은 것은 여성 관련 청원이었다. 또한 국민청원 글에서 '여성'은 '대통령'과 '아동' 다음으로 많이 나온 키워드였다.[1] 이는 성 평등 문제가 해결이 절실한 과제로 떠올랐다는 시대적 현실을 반영하는 것이다. 낙태죄 폐지, 연극인 이윤택 씨의 성폭행 진상 규명, 고 장자연 씨 재수사, 단역 배우 두 자매 사건 재수사, 불법촬영물 처벌 강화 등을 요청하는 청원이 대표적인 사례다.

1995년 유엔이 개최한 베이징 세계여성대회에서 발표된 〈여성행동강령〉에 따라, 한국 정부도 이후 10년간 성 주류화(gender mainstreaming) 전략을 도입해 적극 실행했다. 이 대회에서 채택된 행동강령에 따르면 '성 주류화'란 정부나 공공 부문의 모든 정책에서 젠더 관점을 고려하며 가시적이고 적극적인 변화를 촉진하는 전략이다. 이는 사회발전에서 소외되었거나 차별받는 여성을 주 대상으로 삼았던 그간의 여성정책의 한계를 넘어, 성별 관계의 불평등을 생산하는 구조의 근원적 개선을 요구하는 것이다.[2] 다시 말해, 우리 현실 속에서 성 주류화를 통한 새로운 도전은 제도적 개혁뿐 아니라 생활양식, 관행, 심성에 이르는 우리 삶 곳곳에서 근원적 변화를 수반해야 한다는 의미이다.

그러나 성 평등 개혁의 법적·제도적 성공 이후에는 딜레마가 드러났다. 여기에는 몇 가지 원인이 있다. 첫째, 한국 사회에서 성 평등을 추진하는 정책 거버넌스의 허약성과 불안정성을 들 수 있다. 성 평등이나 젠더 문제를 대변해주는 정치 세력이 제대로 조직되어 있지 못하고, 주로 남성으로 구성된 고위 정책 결정자들과 관료들은 젠더 문제에 대한 이해도와 실행 의지가 낮았다. 이런 상황에서 여성들만의 힘으로 젠더 정치를 견인해내기 어렵다.[3] 거버넌스의 핵심 주체가 되어야 할 여성가족부는 다른 부서에 비해 힘이 미약하다. 예산과 조직 규모에서 미니 부서일 뿐 아니라 정책 집행의 기능도 약하다. 예를 들면 직장 내 성희롱이나 성차별적 고용은 고용노동부, 보육은 보건복지부, 성폭력에 대한 조사는 국가인권위원회가 맡고 있다. 정권의 부침에 따라 정책적 일관성 견지에도 한계가 있다.

둘째, 성 평등과 관련된 제도 개혁이 경제구조나 노동시장에 내재된 성차별을 해소하는 데 의미 있는 변화를 가져오지 못했다.[4] 성 주류화를 가능하게 만드는 과감한 경제구조나 사회정책적 개혁은 진행되지 못한 것이다. 셋째, 가부장적 의식·관행·문화는 법과 제도의 개혁 이후에도 오랜 기간 작동해오고 있으며, 이는 곳곳에서 법과 제도를 통한 개혁을 방해하고 있다.

그럼에도 불구하고 새로운 변화는 시작되었다. 박근혜 대통령 탄핵을 불러온 촛불혁명의 경험 이후 청와대 게시판에 쏟아지는 국민청원은, 그간 민주주의가 일상에서 제대로 작동하지 못했다는 불만, 이제는 신속하면서도 효과적으로 문제를 해결할 수 있을 것이라는 기대감, '시민이 움직이면 세상이 바뀐다'는 자신감의 증가가 작용했을 것이다.[5] 이는 시민 주체의 등장이다. 특히 여성들이 청원에 적극적으로 나서거나 젠더 이슈가 많이 떠오르는 것은 그간 스스로의 고통을 '드러내어 말하기'나 변화를 위한 '행동하기'에서 소외되었기 때문일 것이다. 즉, 여성들에게도 답답하고 속 터지는 현실에 대해 망설이지 않고 말할 수 있는 공론장이 열렸음을 의미한다.

특히 온라인 페미니즘은 개인들이 일상생활에서 부딪히는 문제를 말하고 즉각적으로 소통하게 함으로써 폭발적인 확산력을 만들었다. 그 결과, 젠더 문제와 성 평등 정책, 각 페미니즘을 둘러싼 논쟁이 곳곳에서 역동적으로 진행되었다. 촛불시위에 참가하면서 당한 성차별·성희롱이 시위 중에 '페미존'을 만들게 한 경험, 미투 운동과 '스쿨 미투'의 확산, 디지털 성폭력, 노동시장의 성차별 문제 등을 통해 각성한 여성 주체들이 적극적으로 나서기 시작한 것이다.[6]

2018년 1월, 한 검사가 검찰 내 성추행 실상을 고발하는 데서 촉발된 미투운동은, 디지털 성폭력의 심각성을 알리기 위해 '불편한 용기'가 주도한 여섯 차례의 혜화역 시위로 그 흐름이 이어졌다. 이는 누군가가 우스개로 비유하듯이, 단군조선 이래 가장 많은 여성들이 거리로 나와 독자적인 집회를 개최한 최초의 대사건으로 기록될 것이다. 지난 30년간 한국의 여성운동이 자기희생적인 활

**2018년 12월 22일에 열린
'불편한 용기'의 6차 집회**
자료: 연합뉴스 TV.

동가나 여성 명사 중심의 운동이었다면, 이제 새 페미니즘의 동력은 일상생활에서 맞닥뜨리는 불안·공포·불평등을 말하러 나온 평범한 여성 시민들로부터 비롯된다. 과거의 운동이 여성단체의 주도하에 이루어졌다면, '불편한 용기'가 준비한 시위는 인터넷을 통해 모인 몇몇 여성들에 의해 시작되었다는 차이점도 있다. 이렇듯 그 어느 때보다 보통 여성들의 운동, 즉 당사자 운동의 성격이 짙어진 것은 커다란 역사적 진전이라 할 수 있다.

그러나 이렇게 여성 참여가 확장된 시점에, 사방에서 나타나는 여성혐오는 심각한 수준이다. 2000년 들어 한국에서는 온라인을 중심으로 여성혐오가 확산되고 있다. 물론 여성혐오가 새로운 현상은 아니다. 이는 역사시대가 시작된 이래로 오랫동안 곳곳에서 나타났다.[7] 그러나 오늘날의 여성혐오는 인터넷 기술과 결합했다. 정확한 사실에 기초해 정보를 생산하고 유통하기보다는 일시적이고 즉각적인 감정의 교류에 휩쓸리는 것은 온라인 소통의 일반적 특성이다. 이러한 소통은 성별의 구성도 비대칭적이어서 여성을 대상으로 한 혐오 표현이 훨씬 많다.[8]

최근 들어 온라인 여성혐오에 주목하는 이유는 여성혐오 표현이 사회적으로 광범위하게 확산되는 것 외에도, 실제 현실에서 언어적·신체적 폭력의 행사로 나타나기 때문이다. 1993년 성폭력특별법 제정, 1999년 공무원 시험 군가산점제 폐지, 2001년 여성부 출범, 2004년 성매매방지법 제정에 이어, 각종 여성 할당제가 시행되고 공무원 시험이나 사법시험 등에서 여성 진출이 확대되면서 남성이 역차별당한다는 담론이 온라인 세계로 널리 퍼지기 시작했다.[9]

특히 전투성으로 무장한 메갈리아 그룹이 온라인에 등장하자 남성들 사이에서 여성혐오가 더 격렬해졌다. 메갈리아는 한국 사회에서 급진 페미니즘의 본격적인 출발을 알렸다. 메갈리아나 미투운동의 확산은 한국 사회에서 페미니즘의 세대교체를 의미하는 동시에, 온라인을 통한 페미니즘 운동의 대중화를 열어놓는 계기가 되었다. 특히 메갈리아의 등장은 그간 여성들이 느낀 차별이나 공포에 대한 전통적 방식의 호소가 그다지 사회적 반향을 일으키지 못하자, 좀 더 충격적인 방식으로 주창하며 행동 전략을 선택한 것이다. 물론 여기에는 젊은 세대의 변화된 감각과 행동 방식도 가미되었다.[10] 그러나 메갈리아의 등장에 대한 남성들의 반응은 유감스러웠다.[11] 이들의 등장에 충격을 받고 모든 페미니스트를 메갈리아로 단정하면서, SNS를 비롯한 다양한 매체나 일상생활에서 격한 욕설과 비난을 퍼붓고 있다.

여성혐오와 함께 나타나는 온갖 SNS 욕설이나 심각한 디지털 성폭력은 그 심리적·사회적 배경을 추적할 수 있다.[12] 오늘의 현실 세계, 즉 자본주의적 욕망이 극대화된 사회에서 여성과 관계를 맺지 못하거나 돈을 소유할 수 없는 자들은 실패자로 간주되는 분위기가 남성들 사이에 존재한다. 현실에서 여성을 사귀거나 여성과의 관계를 경영할 수 없는 일부 남성들은 SNS를 통해 여성의 포르노 이미지를 교환하는 것으로 자신의 욕망을 대체한다. 이제 사이버 공간은 '정치적 공간'이 되었고, 끊임없이 전쟁이 벌어지고 있다. 여성에게 우호적인 정책을 펴는 여성가족부와 같은 부처는 욕설과 조롱의 대상이 되며, 혐오감은 대통령을 포함한 정치가를 향하기도 한다. 이는 특권의 물적 조건을 상실한 남성들이 사이버 공간을 통해 스스로를 정치적으로 그리고 남성으로 재주체화할 가능성을 찾는 것이다.

온라인 공간에서 유통되는 여성 이미지는 대개 공공의식을 찾아볼 수 없는 존재다. 공공장소에서 새치기를 일삼고, 직장에서는 칼퇴해서 남에게 일을 떠넘긴다. 남성의 능력에 기생해 연애와 데이트에서는 돈 많은 남자를 찾고, 명품만 밝히는 속물이다. 성적으로 방종한 존재이고, 어학연수 가서는 외국 남성과 동거하는 '걸레'다.[13] 이런 표상은 쉽게 일반화된다. 2016년 한국여성정책연구원의 보고서에 따르면, 한국 남성 54퍼센트가 스스로의 책임과 의무는 무시하고 오로지 권리만 내세운다는 의미의 '김치녀', '된장녀', '보슬아치'와 같은 여성혐오 비속어들에 공감한다고 대답했다.[14] 인터넷 게시판에 달리는 여성혐오 댓글은 주로 남성 청소년과 대학생이 많이 참여하는 것으로 나타났다.

이런 현상이 더 극단적으로 드러난 것이 2016년 5월 17일 강남역 살인 사건이었다. 한 남성이 여성에 대한 증오감 때문에 노래방 화장실에서 만난 익명의 여성을 무참히 살해하면서, 큰 사회적 문제로 대두되었다. 한 네티즌의 제안으로 피해자를 추모하는 포스트잇을 붙이는 집단행동이 일어났고, 사건 현장과 가까운 강남역 10번 출구에는 해마다 많은 여성들이 집결해 시위를 이어가고 있다.

이런 여성혐오 현상의 심각성은 온라인에서 익명성을 근간으로 안티페미니즘 사이트나 안티여성가족부 사이트 등이 마구잡이로 생성된다는 점에 있다. 또한 학교를 중심으로 여성혐오가 남학생 또래문화로 정착하고, 그 피해자가 여학생이 되는 경우가 비일비재하다. 방송사의 예능 프로그램이나 언론 보도에서 드러나는 여성혐오적 표현들도 문제다.

여성혐오는 개인이나 특정 집단의 문제로 돌리기보다는 그 구조적 원인을 분석해야 한다는 주장과 함께, 신자유주의적 경제위기 아래에서 여성의 사회 진출이 늘어나자 위기감을 느낀 남성들이 자신의 경제적 안정을 위협하는 존재로 여성을 지목하고, 무차별적 공격을 가하는 현상으로도 지적되고 있다. 이렇게 여성혐오는 남성의 위기와 관련되어 있다.[15]

신자유주의하에서 특정 계층의 여성들이 더 많은 기회를 얻게 된 것은 사실이지만, 모든 여성들의 삶이 개선된 것은 아니다. 좀 더 정확히 말하면, 일자리의 불안정성이나 부족한 돌봄 서비스로 인해 대다수 여성의 생활환경은 더 열악해졌다.[16] 이런 상황에서 사이버 공간의 소통은 실제보다 극단화되고, 특히 여성혐오 표현의 문제점을 제대로 판단할 계기가 주어지기도 전에 청소년기 때 이미 온라인 공간에서 여성혐오 표현을 접하는 난감한 상황이 벌어진다.[17] 이런 온라인 세계 속 여성혐오는 지금 한국에서 구조화된 젠더 불평등의 현실과 사회적 약자에 대한 연대감 약화를 반영하는 심각한 현상이다. 이는 피해자에게 심리적 해악을 끼치고, 차별을 선동할 수 있기 때문이다.[18]

여성에 대한 혐오뿐 아니라 페미니즘 자체에 대한 혐오 또한 확산되고 있다. 일부 여성은 이에 동조하기도 한다.

'나는 항상 옳다'는 일부 극렬 페미니스트의 도덕적 선민주의, 여성운동을 발판으로 정계에 진출해 기득권층화한 일부 여성 정치인, 남성에 대한 혐오감으로 변질된 일부 극단적 페미니즘이 주는 불편함이 커서다. …… 과거의 여권은 인권의 한 종류라 하기엔 민망할 만큼 열악했다. 페미니즘은 역사적 소명을 다했다. 이제 페미니즘과 안티페미니즘을 넘어 전혀 새로운 변증법적 합에 도달할 차례다.[19]

대다수 페미니스트가 중산층 이상 상층에 속해 있다.[20]

메갈리안들은 좋은 대학 출신이 많고 먹고사는 데 지장이 없는 층이 많다.[21]

페미니즘으로 이익을 얻는 여성은 지극히 소수다. 여성 교수들, 특히 강단 페미니스트들, 여성 변호사들, 여성 정치인들, 여성단체나 페미니스트 활동가 중 상층부에 속해 있는 여성들이 혜택을 받는다. 여성 대학생들도 이로워질 가능성이 있다. 내학교 여학생들이 페미니즘에 쉽사리 빠져드는 데는 현재나 미래에 이익이 생기거나 유리한 환경이 조성되리라는 기대가 한몫한다.[22]

이런 언급들은, 최근 가짜뉴스를 둘러싼 논란에서도 지적되듯이 부분적으로는 사실을 포함하고 있어 진짜처럼 보인다. 하지만 전체로 보면 진실과 거리가 멀다. 이런 언술들은 반페미니즘에 이용당하기 십상이고, 특히 여성들이 이런 언급을 할 경우 남성들의 여성혐오에 더욱 정당성을 부여하는 역할을 할 위험이 있다.

또한 여성의 페미니즘 혐오는 여성들의 긍정적 동일성 형성을 방해하게 된다. 여성혐오를 자기 문제로 받아들이지 않기 위해 많은 여성들은 문제가 되는 여성의 특성을 한심하게 여기거나 그러한 여성으로부터 자신은 분리하는 식으로 대응한다. 그래서 여전히 많은 여성들이 자신을 '페미니스트가 아니'라고 전제하며 의견을 개진하는 모습을 종종 목격한다. 이렇게 여성혐오는 여성을 효과적으로 침묵시키고 있다.[23]

여성 문제와 관련된 서적이 잔뜩 꽂힌 대형 서점의 서가 앞에서 나는 걱정이 앞섰다. 젠더와 관련된 세부적인 주제의 많은 책들이 상대적으로 '나무'에 집중하면서 페미니즘을 '숲'으로 조망하지 못하게 만들 수도 있겠다는 우려 때문이었다. 자신의 생각에 근거해 타인의 다름을 아주 단순화시켜 폄하하는 그런 어리석음에 우리 여성들도 빠지기 쉽다는 위기의식으로 불안해졌다. 부분적 진실이 맥락을 상실하게 하는 함정이 될 수 있기 때문이다. 앞서 나온 주장들을 둘러싼 논란에 대한 반론은 여성의 정치 세력화를 다루는 장을 포함해 이 책의 여러 곳에서 다룰 것이다.

이 책은 페미니즘 안에서 격렬한 논쟁이 이루어졌거나, 여전히 쟁점으로 남아 있는 이슈에 대해 말하려 한다. 페미니스트는 국가를 어떻게 생각하는가? 페미니스트는 현실 정치와 어떤 관계를 설정할 것인가? 페미니즘은 계급 격차와 경제 불평등에 어떻게 맞설 것인가? 모두에게 평등한 노동의 권리를 어떻게 실현할 것인가? 돌봄 노동은 누구의 몫인가? 여성을 옭아매는 외모지상주의에 어떤 태도를 취할 것인가? 페미니스트는 남성과 어떻게 만나야 할 것인가?

이 난해한 큰 문제들에는 다양한 의견과 입장이 나올 수 있다. 이를 둘러싼 갑론을박도 적지 않다. 또 예민한 문제일수록 입장은 섬세하게 갈라지기 마련이다. 언제부터인가 우리 사회에는 악습이 생겨버렸다. 갈라 치고 쪼개는 관행과 습성이 생겨나고, 내 편과 네 편을 나누며, 정치적으로는 진영 논리를 생산하거나 과장하는 단계로까지 갔다. 이런 병폐는 SNS를 통한 공론장이 늘어나면서 더 증폭되고 있다.

지금 우리 사회에서 페미니스트의 목소리는 높아졌고 다양해졌다. 이는 페미니즘 관련 출판물의 압도적 증가에서도 잘 드러난다. 여기에서는 청년 세대가 겪는 여러 현실적 난관과 아픔이 젠더 문제와 교차해 표현되고 있으며, '헬페미'라는 용어도 등장했다. 그러나 일부 페미니스트 안에서는 '다름'을 핑계로 갈라치기나 비방이 일어나고 있다. 60대, 50대, 40대, 20~30대 여성들 사이에는 깊은 골이 파여 있다.

우리는 이제 질문해야 한다. 과거의 페미니스트와 지금의 신세대 페미니스트는 운명적으로 다른가? 1931년 고무공장 여성 노동자의 비참한 현실을 알리기 위해 대동강 을밀대에 올랐던 강주룡과 80년 후 2011년 한진중공업 조선소 크레인에 올라가 309일을 버틴 김진숙. 그리고 100년 전 주체적인 페미니스트로 살아가다가 비참한 최후를 맞이한 나혜석과 육아와 경력 단절로 지쳐가는 '1982년생 김지영'. 이들 사이에 있는 '닮지 않았으면서도 닮은 이야기'를 이제 풀어가야 하는 것이 우리의 말하기이다.[24]

여기서 1968년 이후 활발해진 여성운동에 뒤이어 등장한 흑인 페미니즘에서 제시된 교차성 이론에 주목할 필요가 있다. 이는 미국 주류 사회에서 배제되거나 소외된 흑인 여성의 경험을 말하는 흑인 페미니즘 이론으로부터 시작되었고, 이제는 페미니즘뿐 아니라 사회과학에서도 대안적인 지식 체계이자 인식론으로 발전하고 있다. 교차성 이론은 젠더뿐 아니라 인종, 계급, 민족, 장애, 이주 여부 같은 차이 또는 억압의 축이 서로 얽히거나 맞물리며 상호 작용하고 서로를 구성해가는 관계에 있음을 분석하고 있다. 이 억압의 복잡성을 볼 때 왜 흑인 여성이 인종차별에 맞서 흑인 남성과 함께 싸우면서도, 동시에 성차별에 맞서 흑인 남성에 대항해 싸우는지 비로소 이해할 수 있다는 것이다.[25] 아울러 이주민 여성 또는 흑인 여성이 어째서 자신들의 공동체에서 벌어지는 가정폭력과 성폭력에 침묵하거나 은폐하는가에 대한 설명도 가능하다.

먼저, 이주민 여성 또는 흑인 여성의 페미니즘 의식이 부족해서라기보다는 그들이 가족이나 공동체를 떠나 스스로 생존할 수 없거나, 공동체의 남성에게 가해지는 사회적 억압에 저항하는 데 동참하는 것을 성차별 문제보다 우선시하기 때문이다.[26] 흑인 여성들에게는 동일 인종과 계급에 속한 남성들도 마찬가지로 억압받는 불운한 집단으로 비쳤고, 그래서 이들과 공유하는 바가 더 많았다. 여성들은 같은 계급과 인종의 남성들에게 해방투쟁의 동지애를 갖고 있었다.

이에 비해 백인 중산층 여성들에게 남성은 물질적 부와 권력을 누리는 가부장제의 수혜자로 비쳤다. 그래서 백인 부르주아 여성들은 유색인종이나 이주민 여성과 남성이 해방투쟁을 할 때 생겨나는 유대에 제대로 주목하지 못했다. 그래서 백인 부르주아 여성들은 남성과 여성이 해방투쟁을 함께할 때 생겨나는 유대를 개념적으로나 이론적으로 해석해내지 못했다. 벨 훅스(bell hooks)는 미국에서 여성 노동자들이나 유색인종 여성들이 그간의 페미니즘 운동에 동참하지 않은 것은, 이를 통해 자신들의 처지를 개선할 '쓸만한 해결책'을 찾기 어렵다고 느꼈기 때문이라고 주장한다. 자유주의 페미니스트의 반남성적 정서 또한 그들의 운동으로부터 유색여성들이 멀어지도록 했다는 것이다.[27]

바꾸어 말하면, 교차성 페미니즘은 현대사회에서 나타나는 여러 불평등이 사회과학이나 페미니즘의 전통적 시각으로는 더 이상 해명되지 않을 만큼 다양해지고 복잡해진 현실에 기인한 것이다.[28] 이러한 이론은 억압의 복잡성과 행위 주체로서 여성이 시도하는 저항의 역동성을 그려내는 데 효과적인 분석 틀을 제공한다. 이는 여성이 경험하는 사회적 차별과 억압을 정치적·경제적·사회적 관계망 속에서 읽어낼 수 있게 해주며, 여성을 좀 더 역동적인 역사적 맥락 속에서 살아내고 실천하는 행위 주체로 성찰할 수 있게 해준다.

그러나 교차성이 여성들 내부의 다양성이나 차이를 지나치게 강조하면서, '차이의 정치'가 지닐 수 있는 중립화 위험성에 대한 경계의 목소리가 나온다. 이는 각 개인이나 집단의 차이를 인정하고 존중하는 것이 좀 더 큰 사회적 불의나 억압적 관계의 구조적 문제를 그저 차이로 간주하는 착시를 불러올 수 있다는 것이다. 유럽에서는 불평등 범주들 간에 각축 관계가 발생하는 과정에서 젠더 평등의 목소리가 오히려 약화되었다는 비판도 나타나고 있다. 그렇더라도 교차성 이론은 사회과학의 불평등 연구에 페미니즘이 독보적으로 기여한 성과로 인정받을 만하다.[29] 한국에서도 교차성 이론을 둘러싼 논쟁이 있었고, 이는 일각에서 '여성만을 위한 페미니즘' 대 '모두를 위한 페미니즘'의 대립구도를 만들어내기도 했다.[30] 이는 섹슈얼리티 문제로의 집중 또는 소수자 문제까지 안고 가는 좀 더 포괄적인 페미니즘 접근 사이의 갈등일 것이다. 주로 여성 이론가나 연구자를 중심으로 논의되어온 교차성 페미니즘이 여성이나 시민층과 좀 더 폭넓게 공유될 필요가 있다.

교차성 이론은 사회적 차별이 젠더와 상호 교차하고 있으며, 성차별은 여성들만의 문제로 단순하게 재현될 수 없다는 점을 확인해주었다. 그런데 이렇게 '불평등의 복잡성'에 접근하다 보면, 계급이나 인종의 문제를 포함한 사회구조의 전면적 개혁 없이는 성평등의 실현 자체가 불가능하다는 점을 인식하게 된다. 우리는 '젠더와 사회의 관계 맺기'와 관련해 좀 더 거시적인 접근을 둘러싼 성찰을 시작해야 한다. 이는 성 평등한 미래를 위한 비전의 새로운 패러다임을 만들어가는 노력일 것이다. 이런 문제의식 속에서 최근 여성운동은 페미니즘과 민주주의의 좀 더 진지한 결합을 말하기 시작했다.

2017년 한국여성단체연합은 "Feminism Perfects Democracy" (페미니즘이 민주주의를 완성한다)라는 슬로건이 적힌 티셔츠를 제작해 판매했다. 이는 수익 사업이자 운동의 대의를 알리는 홍보운동이다. 여기에는 최근 여성운동의 문제의식이 들어 있다. 여성학계에서도 민주주의와 페미니즘을 연계하려는 연구가 늘어나고 있다. 지난 몇 년간 우리 사회를 달구어온 성 평등이 민주주의의 일상적 실천 없이는 실현 불가능하다는 자각 때문이다. 우리 세대의 젊은 시절에 민주화는 생각과 삶 속에서 빼놓을 수 없는 핵심 과제였다. 그런데 거의 50년이라는 긴 세월 동안 많은 사람들의 고통과 희생 속에서 만들어온 우리의 민주주의가 일상적 삶 속에서는 여전히 허우적거리고 있다. 우리 민주주의가 형식적이고 정치적인 최소한의 외투를 걸치는 것을 넘어 더 전진하지 못했기 때문일 것이다. 민주화운동 세대의 투쟁과 고민 또한 청년 세대와 공유되지 못하고 있다.

2019년에는 19~34세 청년 75퍼센트가 한국을 떠나고 싶어 한다는 충격적인 연구 결과가 나왔다. 여성정책연구원의 조사에 따르면, 청년 세대가 삶에 대해 느끼는 불안감은 기성세대에 비해 훨씬 높았다. 여성은 더 높아서, 10명 중 8명이 이런 견해를 보였다. 세대를 막론하고 여성의 경우 차별이 심각하고 성별 격차가 부당하다는 인식이 남성보다 높았고, 특히 범죄 피해의 불안 때문에 비판의식이 더 높았다. 남녀 5000명을 대상으로 이러한 연구를 수행한 연구원들은 "갈등의 분할선으로서 성별이 아니라 불평등의 구성 원리로서 젠더를 이해할 수 있는 담론의 확산과 논의의 장이 필요하다"고 결론을 내린다.[31] 이런 심각한 현실이 어째서 젠더 문제를 민주주의와 연계하고 사회구조적 접근을 통해 해결해야 하는지 여실히 입증하고 있다.

많은 이들이 성 평등을 제로섬 게임(zero-sum game)으로 인식하며, 상대의 이익이 내게는 손실로 다가올 것이라 생각한다. 특히 기존의 특권을 누리는 사람들에게는 사회가 민주적이거나 평등해지는 게 결국 자신의 것을 잃을 수 있다는 불안감으로 다가온다. 많은 남성은 여성이 받는 불평등이 감소하면 자신에게 더 불평등한 사회가 올 것이라 생각한다. 또한 상대적으로 특권을 가진 집단일수록 차별에 대해 덜 민감한데, 스스로 사회적 차별에 대한 감수성을 높이려고 노력하지 않으면 차별을 대단히 자연스러운 것으로 바라보기 쉽다. 많은 남성들이 그럴 수 있다.

그러나 많은 페미니스트들은 페미니즘이 제로섬 게임이기보다는 비제로섬 게임(non-zero-sum game)이기를 희망한다. 비유를 들어보자. 우리가 가진 10개의 사과 중 7개를 남성이 가졌다고 하면, 그중 2개를 빼앗아 여성이 가지는 것은 제로섬 게임이다. 그러나 페미니스트들은 성 평등을 매개로 종국에는 12~13개의 사과를 남녀가 공유하는 비제로섬 게임을 지향한다. 이는 양성 모두가 더 행복한 사회를 창조하려는 좀 더 적극적인 기획이며, 그래서 페미니스트들은 교차성 이론을 통한 새로운 접근에 대해 토론하고 있다.[32] 이제 페미니스트 운동에 남성 지지자와 남성 페미니스트가 동참해야 한다. 여성과 남성 모두 페미니즘과 민주주의의 결합 없이는 실질적 민주주의와 성 평등 사회가 실현되기 어렵다는 자각이 필요하다.

정착된 민주주의(embedded democracy)가 작동하려면 다음과 같은 조건이 필요하다. 첫째, 헌정 기구와 민주적 구조가 갖춰지고 안정화되어야 한다. 둘째, 지역적·사회적 이해관계가 (정당이나 단체 등을 통해) 매개될 수 있어야 한다. 셋째, 비공식적인 엘리트들(예를 들면 군부나 경제 실력자)이 새로운 민주적 행위규칙을 수용해야 한다. 넷째, 시민사회 내에서 민주적인 문화가 발전해야 한다. 이런 네 가지 조건들이 충족되어야 단기적인 경제적·사회적·문화적·정치적 위기로 그 존립이 위협받지 않는, 위기에 견딜 수 있는 민주주의가 발전할 수 있다.[33]

한국에서 민주주의는 아직 본격적으로 젠더 문제와 조우하지 못했다. 1990년대 이래로 꾸준히 성 평등으로 가는 법 개정과 입법, 성차별로부터 여성을 보호하려는 제도적 장치가 마련되었음에도 불구하고, 2018년 '불편한 용기'의 이름으로 수십만 여성이 성차별에 항의하러 거리로 나설 수밖에 없는 현실은 우리 민주주의가 여전히 이 네 가지 조건을 구현하지 못했기 때문일 것이다. 특히 앞서 언급된 세 번째 조건인 시민 또는 엘리트 집단에 의한 새로운 민주적 행위규칙 수용, 네 번째 조건인 민주적 문화의 발전이 지연되었기 때문일 것이다. 이런 현실에서 어떻게 여성이

"페미니즘이 민주주의를 완성한다"고 외치지 않을 수 있겠는가? 한국의 민주주의는 그 완성을 향해 페미니즘과 함께 가야 한다. 한국 사회에 현존하는 성적 불평등은 우리 민주주의를 시험대 위에 올려놓았다.

1

세상을 뒤집은
목소리

01

서구 페미니스트의 이야기
: 풍요 속에서 더 열악해진 여성의 삶

페미니즘이라는 숲을 보기 위해서는 먼저 각각의 역사적 국면에서 여성이 당면했던 열악한 현실과 저항, 그리고 그 속에서 탄생한 페미니즘의 울퉁불퉁한 역사를 먼저 알아야 한다. 과거 여성의 고뇌, 질곡과 고통, 이를 헤쳐 나오려는 용기와 투쟁, 여성해방적인 성취의 희열, 한계점과 좌절 …… 이 모든 것들이 함께 기억되고 공유되어야 한다. 다시 말해 여성에게도 '기억의 정치'가 필요하다. 최근 한국뿐 아니라 글로벌 사회에서 '기억의 정치'가 자주 이야기되는 이유는, 빠른 기술 혁신과 지구화의 혼란 속에서 미래 비전을 둘러싼 토론과 합의가 필요하고, 이는 과거와의 연속선 속에서 만들어질 수 있기 때문이다.

그래서 이 장에서는 과거 여성들이 스스로에게 주어진 역사의 현장에서 숨 가쁘게 추진해온 운동의 역사를 짚으려 한다. 시간과 공간을 가로질러 서구에서 페미니즘과 여성운동이 어떻게 형성되어 갈래지어졌고, 한국에 수입된 후 어떻게 우리 식으로 소화되고 전유되었는지 다룰 것이다. 한 시대 페미니스트의 경험은 시대를 가로지르며 전수되고 축적되었기에, 이를 온전히 공유하는 것은 우리 시대의 페미니즘을 이해하는 것이기도 하다.

이런 페미니즘의 역사는 지나간 과거로만 폄하될 수 없다. 이는 여성이 겪었던 과거의 고통들이 우리 사회 어딘가에 여전히 남아 있고, 따라서 과거를 통해 오늘의 우리를 직시할 수 있기 때문이다. 역사 발전의 비동시성이다. 페미니즘의 역사를 온전히 이해하는 일은 남성의 스토리에 불과한 역사(His (s)tory)에서 잃어버린 여성의 모습을 찾아내 온전한 여성사(Her story)를 복원하는 일이다. 이는 그간 왜곡된 역사를 넘어 온전한 전체사(Total history)를 찾아가는 과정이기도 하다. 특히 온전한 여성사의 발굴은 역사의 피해자이거나 수동적 행위자로서가 아닌 여성 주체의 역사를 재발견하는 기억의 정치이기도 하다.

서구에서 근대는 산업혁명과 민주주의 혁명으로 상징되는 찬란하고 낙관적인 시대였다. 최초의 산업국가인 영국에서도, 셰익스피어가 살던 16세기에는 손으로 빵을 뜯어먹고 큰 함지박 그릇에 담긴 국을 여럿이 번갈아 입을 대고 마셨다. 생산력이 낮은 사회였으니 개인은 포크와 나이프를 사용할 여력이 없었다. 이 시기의 동양, 특히 중국의 화려하고 정교한 문명은 그간 서구인이 각인한 '서구 지역 대 비서구 지역 = 문명 대 야만'의 이분법이 얼마나 왜곡된 것인지 확인해준다. 독일 북부 클로펜부르크(cloppenburg)의 민속촌에서 본 근대 이전의 중세, 대략 15세기 이전 중앙집권체제가 성립되지 않은 봉건사회는 끊임없는 전쟁 때문에 무기와 갑옷 등이 정교하게 발달했다. 의식주 생활의 경우, 농노뿐 아니라 영주의 삶을 들여다봐도 얼마나 조악했는지 체감할 수 있다.

15세기까지만 해도 사실상 거실이 집이었다. 농노의 오두막집은 한 칸짜리 방 가운데 모닥불이 놓여 있었고, 그 위에는 천장에서부터 끈으로 매달린 냄비가 있어 음식을 조리했으며, 그 옆에 매달린 헝겊주머니의 고기는 아래에서 올라오는 연기를 통해 소시지로 만들어졌다. 모든 생활이 하나의 커다란 공간에서 이루어졌는데, 가구가 없고 연기는 자욱한 텅 빈 공간이었다. 흙바닥으로 된 방구석에는 나무로 된 침대 몇 개만 놓인 조악한 생활환경이었다. 영국과 아일랜드의 시골에서는 심지어 20세기까지도 맨 흙바닥 생활이 일종의 표준이었다.[1] 유럽에서 보통 사람 한 명이 침대 하나를 온전히 차지할 수 있게 된 것은 19세기 후반 이후였으니, 근대 이전의 열악한 생활상을 짐작할 수 있다. 중세 시대 중국의 화려한 문화와 비교하면 유럽인들의 생활은 척박하기 짝이 없었다.

(위계에 따라 공작·후작·백작·자작·남작으로 지칭된) 영주와 농민의 관계 또한 거칠고 비민주적이었다. 장원에 사는 농민들은 태어나

서 죽을 때까지 장원 바깥으로 나가보지 못하는 경우가 대부분이었다. 외부 세계 출입부터 결혼에 이르기까지 모든 행동은 영주의 허락을 받아야 가능했다. 다리를 건널 때는 통행세를 내야 했고, 사냥과 어로 활동도 제한되어 있었다. 포도주를 제조하기 위해 압착기를 비롯한 여러 기구를 사용할 때도 사용세를 내야 했다. 이런 부자유를 일컬어 '경제 외적 강제'라고 부르며, 그래서 서구 중세 사회의 농민은 농민과 노예를 합한 단어인 '농노'로 불렸다. 이들은 영주로부터 토지를 대여하고, 그 대가로 영주의 직영지에서 2~3일의 부역 노동을 해야 했다. 토지나 영주 직영지에서의 노동은 마을 사람들이 함께 일하는 공동체적 성격을 띠었다.

중세인의 미개한 삶에 근대사회가 가져다준 변화는 충격적인 것이었다. 기계의 발명으로 상징되는 산업혁명과 의회민주주의의 발전을 불러온 프랑스혁명의 의미는 엄청났다. 산업혁명이 일어나면서 시작된 기계 사용은 생산력을 비약적으로 발전시켰다. 이제 공장의 대량생산을 통해 서민들도 포크와 나이프를 사용하고, 내의도 입을 수 있게 되었다. 그러나 자본주의의 시장경제 아래 극심한 경쟁에서 홀로 살아남아야 하고, 가족의 생계를 책임져야 했다. 자본주의 시장이 필요로 하는 개인주의 사조가 확산되면서 인간은 고독해졌다. 봉건사회는 생산력이 낮아 삶의 조건이 열악했지만 공동체는 있었다. 이러한 공동체가 사라진 것이다.

사람들이 르네상스–산업혁명–영국혁명–미국혁명–프랑스혁명으로 이어지는 서구의 역사를 찬미하는 것은 충분히 이해할 만하다. 인간은 천부적으로 인간답게 살 권리를 타고난 존재로 간주되었으며, 이들이 모여 사회계약을 통해 국가를 구성하고, 여기서 각 개인은 자신의 정치적 권리를 행사할 수 있게 되었다. 이를 위해 선거로 대표를 뽑는 대의제 정치가 발전했으며, 인간은 의사 표현과 결사의 자유도 생겼다.

절대군주가 등장하기 전 중세 시대에는 권력이 분산된 만큼 전쟁이 끊이지 않았고, 귀족 남성들은 무술을 연마하고 전쟁터로 갔다. 십자군전쟁의 사례를 보더라도, 교통이 원활하지 않았기에 한번 전장으로 떠난 남성들은 집으로 돌아오는 데 몇 년이 걸렸다. 이런 현실에서 여성은 영지를 지키며 밀, 포도주, 치즈, 버터 등의 유제품을 생산했고, 직물을 제조하며 대장간과 방앗간 등에서 수공업을 관리해야 했다. 학식 있는 여성 노인이 아이들의 교육을 담당했으며, 농노 집안의 여성도 집안일뿐 아니라 수공업부터 가축 사육에 이르기까지 생활과 관련된 중요한 노동을 맡았다.[2]

놀랍게도, 풍부한 물자와 미래에 대한 낙관이 넘치던 자본주의 시대에 들어와 여성들의 삶은 더 열악해졌다. 장원에서 마을 사람들의 공동 노동에 의존하던 중세 사회는 근원적인 변화를 강요받았다. 수요에 맞춰 수공업으로 생산해온 농기구나 무기는 이제 공장에서 대량으로 생산되는 물건들로 대체되었다. 기계가 발명되면서 많은 노동력이 필요 없어졌고, 이에 따라 수공업 작업장에서 다른 가족과 함께 일하던 장인의 아내와 딸들은 일터에서 쫓겨나 집에 머물게 되었다. 과거의 수공업 장인들은 자본주의적 경영을 통해 서서히 재산을 축적하면서 근대적인 자본가 계급으로 변모했고, 이들은 작업장에 붙어 있던 살림집을 경치 좋은 교외로 옮겨 대저택을 짓기 시작했다. 이 때문에 여성들은 바깥세계와 멀어지게 되었는데, 이것이 흔히 말하는 '공사 영역의 분리'이다.

아내들은 가정을 지키고 집 안을 꾸미는 일에 집중하도록 요구받았다. 집 안을 장식하며, 외모를 꾸미고, 파티를 준비하며, 피아노 배우기 같은 취미 생활을 하고, 자녀 교육에 힘썼다. 그래도 시간이 남으면 교회에 가서 신앙생활을 돈독히 하거나, 자선 활동에 참여하도록 강요받았다. 가정 이데올로기는 여성에게 다가온 삶의 새로운 변화, 부르주아 생활의 장식품이 되어버린 현실을 합리화하기 위해 등장했다. "여성의 천부적인 사명은 가정을 지키는 것이다", "경쟁적인 시장에서 살아남기 위해 분투하고 귀환하는 남성을 위로하며 편안한 가정을 선사하는 것이 여성의 소명이다" 등의 명제다. 공업화와 상업의 확장이 진척되면서 소비 품목이 늘어나고, 시민계급의 생활 매너가 복잡해지고 정교해지면서, 여성은 집 안을 장식하고 사교 생활을 품위 있게 수행하며 남편의 재력과 계급적 품격을 드러내는 장식적 존재가 되어갔다. 주부가 감당해야 할 양육과 아동교육의 중요성이 강조되었지만, 유모와 가정교사의 존재가 전문성을 빌미로 여성의 역할을 잠식했다.[3]

서구의 근대사회에서 여성은 이제 교육받을 권리, 일할 권리, 재산을 가질 권리, 선거에 참여할 권리 모두를 잃게 되었다. 우리에게는 언뜻 자유로워 보이는 서구의 여성들도 이런 시대를 살았다. 서구 근대사회가 만들어낸 이런 여성의 삶의 방식과 사회관계는 한국에서도 약간의 변이를 거쳐 재생산되었다.

가정 이데올로기에 대한 서구 부르주아 계급의 찬미에도 불구하고, 당대의 자본가들은 좀 더 값싼 노동력을 구하기 위해 여성과 아동을 공장으로 불러내는 대단한 행동 모순을 저질렀다. 부르주아 사회가 만들어낸 가정 이데올로기는 여성 노동을 부차적인 것으로 간주하는 통념을 생산하며 여성의 임금을 깎았고, 자본가들은 여성의 저임금에 관심이 많았다. 남성의 임금과 비교했을 때 당시 여성의 임금은 약 2분의 1, 아동은 약 7분의 1이었다. 여성의 낮은 임금으로 자본가의 부는 축적되었지만, 여성은 공장 노동과 가사 노동의 이중 부담에 시달렸다. 가족의 생계유지를 위해서 일하러 나온 여성들은 가정주부로서의 천부적인 소명을 게을리한다는 죄책감에 허덕이게 되었다.

생산력의 비약적 발전을 가져온 근대 자본주의의 성과에도 불구하고, 여성들의 상황이 열악해지면서 페미니스트의 등장은 불가피했다. 초기에 여성은 사회적 비난 때문에 사회활동에 참여하거나 여성운동의 기치를 내걸기가 힘들었다. 그래서 여성들은 도덕 개혁운동에 슬금슬금 다가갔다. 먼저 당시 사회에서 지탄의 대상이 되었던 음주나 성매매에 반대하는 운동에 참여했다. 특히 성매매의 비도덕성을 비판하고 폐지를 주장하면서 조금씩 단체를 조직해나가기 시작했다. 이렇듯 조심스럽게 시작된 여성운동은 기혼 여성에게 남성 대리인을 통해서가 아니라 스스로 자신의 재산을 경영할 권리를 갖도록 해주었고, 미혼 여성에게는 교육과 직업의 기회를 요구하는 운동으로 발전해갔다. 남성의 근대적인 권리를 여성에게도 요구하는 이런 유형의 운동을 '동등권 운동' 또는 '자유주의 페미니즘(liberal feminism) 운동'이라고 부른다. 당시 사회 각계를 깜짝 놀라게 한 이런 주장은 긴 페미니즘의 역사에 비추면 상대적으로 온건한 운동이었다.

그러나 금주나 성매매 금지 요구는 자본의 이해관계가 얽힌 미묘한 문제였다. 이와 관련된 이해집단, 즉 경찰, 의료계, 술 제조업자, 성매매 업주 등이 정교하게 조직되어 있었기에, 자유주의 페미니스트의 운동은 실패할 수밖에 없었다. '도덕적 십자군' 운동은 광포하고 무법적인 반대에 부딪혀 좌초했다. 이제 페미니스트들은 정치적인 힘이 없으면 목표를 달성할 수 없다는 현실을 깨닫고, 여성의 선거권을 요구하는 운동에 착수했다. 지금 보면 너무나 당연한 투표할 권리가 여성에게만 없었다는 것은 놀라운 일이다.

영국에서 제일 먼저 시작된 참정권 운동은 격렬했다. 여성의 외출이 자유롭지 않았던 시기에 여성 참정권론자들은 소수였고, 자신들의 요구를 대중에게 알리기 쉽지 않았다. 이들은 회기 중에 의회 방청을 하다가 구호를 외치며 2층에서 뛰어내리거나, 한밤에 총리의 관저로 몰래 숨어들어 소동을 벌이기도 했다. 귀족, 부르주아, 고위 정치가의 승마 시합 도중 달리는 말에 뛰어들기도 했다. 이런 행동들은 당시 시민사회조차 몰지각한 여성들의 기괴한 행동으로 여기기도 했으나, 사회의 이목을 끌어 자신들의 정당한 요구를 알리기 위한 불가피한 전략이었다. 선거권을 요구한 여성들은 투옥되었고, 단식으로 저항했다. 역사책에는 종종 거꾸로 들린 채 음식을 주입당하는 참정권론자의 수모에 관한 풍자화가 나온다. 지금의 젊은이들은 단지 투표권을 얻기 위해 이런 고난을 떠안는 것이 아주 놀랍게 느껴질 것이다. 참정권 운동가들은 이렇듯 절실했으나, 여성의 선거권 획득을 달성할 수 없었다.

영국, 독일, 미국 등의 국가에서 여성에게 선거권이 주어진 것은 제1차 세계대전이 끝난 1918년 이후였다. 전시 기간에 중공업을 비롯한 생산 현장을 비운 남성 대신 여성이 일하게 되자, 납세자가 된 여성의 선거권 요구를 더 이상 거부하기가 어려워진 현실이 크게 작용했을 것이다. 여성이 선거권을 얻고, 그사이 여성이 고등교육을 받을 수 있는 기회가 허용되었으며, 제1차 세계대전이 끝난 이후 여성들도 직업을 갖게 되었으니, 이제 자유주의 페미니즘의 목표는 거의 달성되었다. 다시 말해, 법이나 제도에서 여성은 남성과 동등한 권리를 누리게 되었다. 그렇다면 여성은 평등해졌는가?

자유주의 페미니스트에 대한 비판은 당대의 심각한 여성 노동자 문제와 연관되어 떠올랐다. 당시 공장에서 일하는 여성 노동자의 삶은 비참하기 짝이 없었다. 19세기 후반 영국의 여성 노동자들은 저임금과 12시간 이상의 장시간 노동에 시달렸다. 여성 노동자 문제를 해결하기 위해 싸우던 여성들이나 여성 노동자들은 자유주의 페미니스트들이 추진하던 동등권 운동에 무관심하거나 적대적이었다. 고등교육을 받을 권리, 재산을 가질 권리, 소송할 수 있는 법적 권리, 참정권은 당장 가족의 굶주림을 해결해야 하는 하층 여성들이나 여성 노동자들에게는 사치스러운 문제였다. 게다가 하루에 거의 15~16시간 안팎으로 노동해야 했던 하녀들의 권리 보호 문제에 자유주의 페미니스트가 무관심하면서 이들에 대한 불신이 확산되었다. 가난한 여성들의 주된 관심은 남성과 동등한 지위를 얻는 것보다 먼저 가족을 배불리 먹이고, 자신도 비참한 장시간 노동에서 벗어나 인간답게 생활하는 것이었다.

이런 여성 노동자들의 요구를 이론 체계로 정리한 사람은 놀랍게도 남성 사회주의자인 프리드리히 엥겔스(Friedrich Engels)였다.[4] 마르크스와 함께 사회주의 사상과 운동을 창시한 엥겔스는 페미니스트였다. 그의 책《가족, 사유재산, 국가의 기원(Der Ursprung der Familie, des Privateigentums und des Staats)》(1884)은 마르크스주의 페미니즘의 성서로 불린다. 그러나 엥겔스의 책보다 좀 더 쉬운 페미니즘 대중서를 집필한 이는 양철공 출신으로 당대 독일 사회민주당 내에서 가장 존경받던 지도자 아우구스트 베벨(August Bebel)이었다. 스스로를 이론가보다는 운동가로 생각했던 베벨이 쓴 책은 비과학적이었다는 평가를 받았지만, 대중적으로 인기를 누렸다.

그의 책《여성과 사회주의(Die Frau und der Sozialismus)》(1879)에 따르면,[5] 자본주의 사회에서 모든 사회적 관계는 현금 거래 관계에 기초하므로 상층의 결혼은 애정 없는 정략결혼이 된다. 이에 비해 가난한 여성 노동자나 하층계급 여성은 임금만으로 가족의 굶주림을 해결하기 어려워서 성매매를 위해 거리로 나서고, 애정 없는 결혼 생활을 하는 부유한 남성이 그 고객이 되는 슬픈 현실을 지적했다. 베벨이 보기에 앞의 두 요인 때문에 자본주의 사회에는 성매매가 범람하게 된다. 사회사가의 언어 분석에 따르면, 19세기 후반 서구 사회에서 '여성 노동자'라는 단어는 '성매매 여성'과 거의 동의어로 쓰였다. 엥겔스나 베벨의 주장이 결코 과장이 아닌 것이다. 베벨의 책은 당시 사회민주당 도서관에서 노동자들이 사회주의와 관련해 가장 많이 대출한 읽을거리였다고 하니, 이는 여성 문제를 알리는 데 크게 기여했을 것이다.

《여성과 사회주의》에서 베벨은 선거권, 교육권, 직업에서의 동등권, 착취와 열악한 노동으로부터 여성 보호를 위한 여성의 투쟁을 주창했지만, 당장 현실에서 실현하기는 어려웠다. 그는 결국 여성들도 사회주의 혁명에 매진함으로써 궁극적으로 여성해방을 달성할 수 있다고 보았다. 혁명 이후의 사회에서는 모든 여성이 직업을 갖는 것과 가사 노동에 대한 이중 부담을 덜기 위한 사회화 정책의 실현을 약속했다.

엥겔스와 베벨의 이론을 우리는 마르크스주의 페미니즘이라고 부른다. 이들의 이론적 주장은 19세기 말 이래 독일을 비롯한 중동부 유럽의 사회민주당을 통해 그 실현이 모색되었다. 그러나 본격적인 현실 도입은 1917년 러시아혁명 이후 생긴 공산당 체제를 통해 이루어졌다. 사적 소유가 사회적 소유로 전환된 소련이나 중국에서 모든 여성의 노동은 권리이자 의무가 되어 완전고용이 이루어졌고, 동일노동·동일임금 원칙이 준수되었다. 가사와 육아를 사회화하기 위한 국영 어린이집이 생겨나면서 돌봄 서비스가 필요한 모든 부모에게 서비스가 제공되었다. 부모의 직업에 따라 어린이들을 맡아주는 일일 탁아, 주 탁아, 월 탁아 서비스가 생겨났다. 북한은 밥 공장과 반찬 공장이 있어서 퇴근길에 음식을 받아가는 제도가 생겼다. 공산주의 국가들의 경우 자본의 논리에 따른 성 상품화가 금지되면서 성매매 등을 금했고, 여성이 정치에 참여할 기회도 많아지면서 인민위원회 등에서 여성 대표성이 높아졌다.[6]

서구 페미니즘 역사 속에서 한 가지 주목할 점은 남성 사상가의 활약이다. 역사가들은 자유주의 페미니즘의 창시자로 존 스튜어트 밀(John Stuart Mill)을 꼽는다. 그가 쓴 《여성의 예속(The Subjection of Women)》(1869)은[7] 자유주의 페미니즘의 성서로 불리는데, 스칸디나비아 국가에서는 밀의 책이 번역된 다음 해에 여권운동이 시작되었다는 사실에서도 밀이 끼친 영향력을 짐작할 수 있다. 당시 영국의 촉망받는 청년 정치경제학자이자 하원의원이었던 밀은 기혼 여성인 해리엇 테일러와 사랑에 빠지게 되었다. 상인이었던 그녀의 남편 테일러는 체면 때문에 이혼을 거부했고, 21년 동안 밀과 해리엇 그리고 그녀의 큰딸 사이에 당시 결혼제도의 모순과 여성의 열악한 지위에 관해 개탄에 찬 서신이 오고 갔다. 이 서신들 속 대화를 토대로 《여성의 예속》이 탄생하게 되었다. 결국 밀은 테일러가 사망한 후 1851년에 해리엇과 결혼할 수 있었다고 한다.

이 책에서 밀은 "모든 인간은 근본적으로 합리적인 창조물이므로 일단 교육을 받으면 합리적인 추론에 의해 진리를 감지할 수 있다"
고 생각했고, 자신의 이익을 위해 자유롭게 경쟁하는 개인은 사회의
발전에 기여하므로 "타고난 신분에 의한 모든 제한은 철폐되어야 한
다"는 자유주의 신조를 여성에게도 적용할 것을 요구했다.[8]

마르크스주의 페미니즘의 경전을 만든 엥겔스도 당대 여성의
지위와 관련해 이론뿐 아니라 실천에서도 감동할 만한 선례를 보
여준 남성이다. 독일의 초기 산업도시인 부퍼탈(Wuppertal)에서 공
장주 아들로 태어난 엥겔스는 세계 산업화의 중심인 맨체스터에서
공장을 운영하게 되었다. 그는 자신의 책《가족, 사유재산, 국가의
기원》에서 주장한 대로 자본주의 사회에서는 진정한 사랑에 기초
한 여남 간 결혼이 불가능하다고 봤기에 결혼제도를 거부하는 입
장을 고수했는데, 당대의 잘나가는 부르주아로서는 쉽지 않은 결
정이었다. 엥겔스는 당시 영국 사회에서는 경멸받는 존재였던 아
일랜드 출신 여성 노동자 메리 번스(Mary Burns)와 동거하며 사랑
을 지켜나갔다. 체통과 형식을 강조하던 당대 부르주아 사회의 비
난에도 불구하고, 그는 결혼제도를 거부했다. 그리고 메리가 죽
자, 다시 그 여동생 리지 번스(Lizzie Burns)와 사랑에 빠졌다. 자신
의 신념을 함께 지켜준 리지의 임종 침상에서 그녀의 요청에 따라
엥겔스는 결혼 예식을 올렸다. 이후 남은 생애 동안 엥겔스는 홀로
살았다. 자신의 책《가족, 사유재산, 국가의 기원》에서 주장한 신
조를 현실에서도 일관성 있게 지킨 남성 페미니스트였다. 밀과 엥
겔스의 사례는 페미니즘의 발전이 여성과 남성 모두가 함께 전진

해가야 할 경로임을 확인시켜준다.

자유주의 페미니즘과 마르크스주의 페미니즘은 서구 페미니즘 발전에서 쌍벽을 이루며 여성의 지위 향상에 크게 기여했다. 1918년 제1차 세계대전의 종료와 함께 서구 선진 국가의 여성들에게 선거권이 주어지면서 여성은 남성과 동등한 권리를 누리게 되었다. 1960년대에 이르기까지 세계 곳곳에서 약간의 시차가 있었지만 여성의 선거권이 확립되었다. 마찬가지로, 사회주의권이 등장한 이후 마르크스주의 페미니즘이 지향하던 여성해방은 어느 정도 달성되었다. 그렇다면 이제 여성은 두 진영 모두에서 성 평등을 달성한 것일까.

정치적으로 여성은 동등한 권리를 얻었음에도 평등해지지 않았다. 특히 경제적 불평등은 여성의 삶을 질곡에 빠뜨렸다. 20세기 초 이래로 여성이 일할 기회는 꾸준히 늘어났으나 제한적이었다. 자본주의 체제 아래 여전히 많은 여성들은 가정 밖에서 일할 기회를 얻기 어려웠다. 직장에 다니도록 허용되었을 때도 임금이 낮은 하급 서비스직이나 단순 사무직종에 머물렀다. 의회민주주의가 잘 작동되는 국가들에서도 성차별과 성별 역할 분리가 공고히 버티고 있었다.

마찬가지로 소련이나 동독 같은 공산주의 국가에서 여성 대다수가 일할 기회를 갖게 되었고 육아의 사회화가 이루어졌지만, 평등한 생활을 누리지 못했다. 모두 사회적 노동에 참여해 직장 생활을 했지만, 결과적으로 여성은 직장과 가사 노동의 이중 부담에 시달렸다. 자본주의 국가에 비해 가사 노동의 기계화는 더뎌서, 냉장고나 세탁기 같은 가전제품의 공급은 원활하지 않았다. 소비재 산업의 발전이 제대로 이루어지지 않아 식재료를 포함한 생필품을 구매하는 데 시간이 많이 든 것도 여성이 가사 노동 부담을 증가시켰다.[9] 마찬가지로 일자리와 관련해서도 성별 분업은 사라지지 않았다. 이는 소련이나 동구권 국가들에서 사회적으로 그다지 대우받지 못한 직종, 예컨대 의사나 연구직 등에서 여성 종사자의 비율이 높았던 현실에서 잘 드러났다.

1968년 프랑스, 독일, 미국, 일본을 비롯해 전 세계에는 학생운동의 불길이 일어났고, 흑인과 동성애자의 민권운동으로 확산되었다. 여성들은 평등을 외치는 진보 세력 내에도 성차별이 존재함을 인식하고, 기존의 남성 중심의 사회운동에 반발하며 독자적인 여성운동을 출범시켰다. 과거 페미니즘과의 단절을 선언하는 새 여성운동은 '동등한 법적 권리를 달성하면 여성이 평등해진다'고 믿었던 자유주의 여성운동이나 '사회 문제가 해결되면 여성 문제도 자동적으로 해결된다'고 믿었던 과거 사회주의 여성운동의 한계를 물었다.

이들은 여성의 불평등이 단순한 사회적 제한의 결과가 아니라, 통제되고 조직화된 남성 중심적 의미체계에서 기인한다고 주장한다. 다시 말해, 급진적 페미니스트로 불리는 이들은 기득권의 동등한 배분을 주장하기보다는 사회의 가치체계 전체를 문제시한다. 좀 더 구체적으로, 이들은 성차별의 종식을 위해 기존의 모성성이나 사랑의 개념, 결혼이나 가족제도가 파괴되어야 한다고 주장한다. 모성은 여성에게 맹목적 희생을 강요하며, 사랑은 여성이 자신의 무력한 상황을 직시하는 것을 방해하기 위해 스스로 만든 자기 방어 논리에 불과하다고 보았다.

이론보다는 실천을 강조하는 급진적 페미니스트들은 실천 영역을 주로 사적인 세계에서 찾았다. "사적인 것이 정치적인 것이고, 정치적인 것이 사적인 것이다"라는 슬로건과 함께 여러 대안적 실험이 이루어졌다. 예를 들면 위계질서가 없는 조직을 위해 모임은 소규모로 조직되었고, 책임 있는 직책은 추첨이나 순번으로 돌아가도록 해, 경험 없는 회원도 지도적 위치에 참여할 수 있는 새로운 평등한 조직원리를 실현하려 했다. 일부 여성들은 흔히 코뮌으로 알려진 생활공동체를 통해 페미니즘 이념의 일상생활 속 실천을 모색하기도 했다.[10]

이 시기에 등장한 급진적 페미니즘(radical feminism)의 경전이라 할 수 있는 케이트 밀릿(Kate Millett)의 《성의 정치학(Sexual Politics)》 서두는 미국의 인기 소설가가 쓴 소설을 두 쪽에 걸쳐 인용하는 데서 시작한다. 남녀 간의 성관계 장면을 세밀하게 묘사한 부분을 인용하면서, 밀릿은 인간의 가장 내밀한 영역인 성관계에서 남성은 주도하고 여성은 이를 수동적으로 받아들이는 모습을 보여주며 우리 일상생활에 모세혈관처럼 스며들어 작동하는 미시 권력의 존재를 지적한다. 급진적 페미니스트의 가장 혁명적인 주장은 이성애를 남성의 여성 지배를 고착화하는 가장 근원적인 기제로 간주하

고 이런 제도를 거부한 것이다. 육체적 쾌락은 모두 자위를 통해서
가능하고, 따라서 이들의 실천적 대안은 동성애였다. 레즈비어니
즘(lesbianism)은 1970년대 이후 서구 페미니스트 사이에 광범하게
확산되었다.

급진적 페미니즘의 자극에 힘입어 1960년대 말 이후 미국이나
서유럽 국가들에서는 그간 침체되어 있던 여성운동의 열기가 다시
일어났다. 많은 대학에서 처음으로 여성학 강의가 개설되고, 페미
니스트 영화·연극·잡지 등이 제작되었으며, 여성의 신비를 영속
화한다는 이유로 미인대회에 반대하는 시위를 벌이기도 했다. 이
제 페미니즘은 문화 행사나 일상생활 등에서도 활발하게 그 실천
영역을 넓혀갔다. 그 일환으로서 기존 가족제도를 넘어서는 대안
의 하나로 생활공동체 운동이 서구 전역에서 광범하게 일어났다.
이후 30여 년간 전 세계에서 급진적 페미니즘은 여성운동의 열기
를 이어갔다. 이런 페미니즘의 열기는 한국의 페미니스트에게도
큰 영향을 끼쳤다.[11]

02

앞에서 길을 낸 여성들
: '여권통문'부터 '공장의 불빛'까지

한국에서 페미니즘 운동은 언제 어떻게 시작되었을까? 서구에서 페미니즘은 근대로의 발전이 상당히 진전된 19세기 후반에야 나타났다. 한국의 경우, 서구 제국주의 열강의 세력 다툼과 개방 압력이 가중되던 19세기 말에 처음으로 여성의 집단적 움직임이 일어났다. 대외적인 압력 속에서 조선은 개화를 통해 새로운 문물을 받아들이는 동시에 근대적인 민족국가를 건설해야 할 시급한 과제를 안고 있었다.

전통적인 규범에 갇혀 있던 서울의 양반 부인들이 직접 나서 여성의 권리 증진을 요구하며 1898년 〈여권통문〉을 발표한 것은 놀라운 일이었다. 이들은 여성도 남성과 마찬가지로 교육을 받고 직업을 가질 권리가 있음을 주장했다. 북촌 출신의 '김소사'와 '이소사'라는 이름으로 작성된 〈여권통문〉은 한국 최초의 여권 선언이라 할 수 있는데, 이를 통해 페미니즘을 서구 수입품으로 여겨온 우리의 기존 상식을 깰 수 있게 되었다.[1] 이들은 찬양회를 만들어 고종황제에게 관립 여학교 설립을 촉구했고, 여의치 않자 독자적으로 순성여학교를 설립했다. 일본 제국주의에 나라를 빼앗길 위기에 처하자, 1907년 여성들은 일본에 진 나랏빚을 갚기 위한 국채보상운동에도 앞장섰다. 끼니를 줄이는 절식운동과 기부금 모집에는 양반네 부인부터 기생에 이르기까지 다양한 여성들이 참여했다.[2]

1910년 조선이 일본의 식민지로 병합되면서 식민지 지배에 대한 치열한 저항이 일어났고, 여성도 적극적으로 참여했다. 독립운

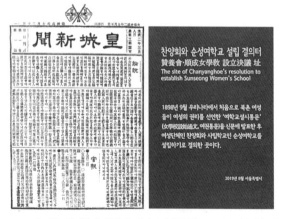

1898년 9월 8일 《황성신문》에 실린 〈여권통문〉(왼쪽), 그 실천을 위해 설립된
찬양회와 순성여학교를 기념해 2019년 서울 명동에 세워진 표지석
자료: 국립여성사전시관.

동에 많은 여성들이 참여했고, 방직업, 제사업, 고무 공업 분야에서 일하며 노동 착취에 시달리던 여성 노동자들의 파업이 일어났으며, 굶주림과 가혹한 착취에 시달리던 여성 농민과 제주도 해녀의 투쟁도 발생했다. 또한 조혼이나 강제결혼을 포함한 가부장적 유습을 비판하고 자유결혼과 자유연애를 부르짖던 '신여성'도 등장했다. 최초의 여성 서양화가 나혜석의 일생에서도 드러나듯이, 이들은 당대의 편견 속에서 비참한 삶과 불행한 최후를 맞이하는 경우가 적지 않았다.[3]

여성단체의 설립과 활동은 1945년 일본 식민지로부터 해방된 이후에야 본격적으로 시작되었다고 말할 수 있다. 1945년 이후 반세기는 남북 분단체제 아래에서 경제 발전과 국가안보가 강조되던 시대였다. 20~30년 만에 이루어진 급속한 산업화와 경제성장 속에서 민족주의와 유교적 가족주의가 특별히 강조되었다.

이런 가운데 여성들에게 질곡으로 다가온 것은 호주제였다. 일본 식민지 정부에 의해 도입된 호주제는 호적이라는 신분등록부를 통해 가족 구성원을 규율하는 것이다. 개개인의 출생, 혼인, 사망, 이혼 등의 신분 변동 사항은 호주와의 관계를 중심으로 기록되었다. 호주제가 폐지되기 전에는 누구나 취직하거나 결혼 또는 이혼할 때 의무적으로 호적을 제출해야 했는데, 이때 인권 침해적인 문제가 많이 드러났다. 부모가 재혼했거나 어머니가 첩인 경우, 이런 사실이 호적을 통해 그대로 드러났고, 이는 취업이나 혼인 등에서 큰 불이익으로 작용했다.

한국전쟁 전후에는 중혼이 많이 이루어졌는데, 이는 전쟁으로 남성 생계부양자를 잃거나 이를 구하지 못한 여성의 생계유지 전략이기도 했으므로 곳곳에서 흔했다. 극심한 서얼 차별 전통이 남아 있던 당시 사회에서 그 자녀들이 호주제 때문에 겪은 사회적 차별과 갈등은 지금도 노년 세대에게는 어두운 기억으로 남아 있다. 이러한 현실은 1945년 12월 조선부녀총동맹이 발표한 행동강령 8개항 중 하나가 "일부일처제를 철저히 실시하라"였다는 점에서도 잘 드러난다.[4]

또한 호주제 아래에서는 아버지인 호주가 사망하면, 할머니와 어머니가 있어도 나이 어린 아들이 호주 지위를 승계했다. 세 살짜리 손자가 법적으로는 할머니보다 높은 권한을 갖는 형국이었다. 게다가 호주제는 아들을 꼭 낳아 대를 이어야 한다는 강박관념을 만들어내 남아선호사상을 강화했다. 또한 자녀를 데리고 재혼한 여성의 경우, 자녀의 호적이나 성씨를 재혼한 남편의 것으로 변경할 수 없어서, 아이들이 학교에서 놀림을 당하거나 의료보험 등에서 자녀로 인정받지 못해 불이익을 당하는 피해도 나타났다.[5] 이렇게 호주제는 한국 사회에서 가부장적 문화를 강화하는 기능을 했다.

호주제의 여러 폐해 때문에 이미 1940~1950년대부터 가족법 개정 운동이 일어났다. 가족법상 여성 지위의 향상뿐 아니라 동성동본은 혼인할 수 없는 관습법 조항의 폐지까지 요구되었다.[6] 이 운동은 1970년대에 이어 1980년대까지 지속적으로 치열하게 진행되었지만, 부분적인 개정만 성사시킬 수 있었다. 결국 호주제 폐지 운동은 반세기가 지난 2005년에야 결실을 거두게 된다.[7]

1970~1980년대의 페미니스트로 주목해야 할 이들은 여성 노동자다. 한국의 성공적인 초기 경제성장은 저임금에 기초한 전자·섬유·의복·고무 산업 등의 경공업 수출을 토대로 삼았다. 이를 위해 외국 기업의 직접투자가 용이한 수출자유지역이 조성되었는데, 노동력으로 미혼 여성 노동자가 동원되었다. 수출자유지역 노동자의 절반 이상이 나이 어린 미혼 여성이었고, 외국 기업을 보호하기 위해 노동조합 활동도 금지되었다. 주로 미국과 일본의 자본이 진출한 공장에서 여성 노동자들은 미국 여성 노동자의 12분의 1, 일본 여성 노동자의 6분의 1에 해당하는 저임금을 받으며 장시간 노동을 하거나 밤샘 작업을 했다. 이들은 또한 열악한 공장 기숙사에 갇혀 지냈고, 자유로운 외출은 허용되지 않았다.

1980년 여성유권자연맹의 설문조사에 따르면 여성 노동자의 임금은 3~7만 원이었는데, 1983년 한국노총이 작성한 1인 여성 최저 생계비가 16만 원이라는 사실에 견주어보면, 여성 노동자들의 물질적 궁핍을 짐작할 수 있다. 이들의 임금은 1983년 조사에서 남성 노동자의 46.8퍼센트에 불과했다. 여기에는 여성의 노동을 낮게 평가하는 성차별적 의식이 작용했을 것이다. 그럼에도 노동부 통계에 따르면 여성 노동자들의 노동시간은 남성보다 길었고, 이들의 수기에 따르면 하루 12~16시간 노동이 비일비재했다.[8]

여성 노동자를 대변해줄 사회운동이 없었던 상황에서 1970~1980년대에 여성 노동자들은 스스로 노동조건 개선을 위해 파업과 거리 캠페인 등의 방법으로 투쟁하기 시작했다. 군부독재 정부는 경찰력을 동원해 이들을 가혹하게 탄압했다. 고문과 구타, 해고 등 다양한 방법으로 탄압당했음에도 여성 노동자들은 끈질기게 파업을 이어갔다. 165건에 불과했던 1970년의 파업 횟수가 1974년에 666건으로 늘어난 사실에서도 고난 속에 꽃피운 여성 노동자들의 투쟁 의지와 용기를 확인할 수 있다.

특히 1979년 8월 YH무역 여성 노동자들이 공장폐쇄에 맞서 야당 당사에서 농성을 시작하고, 어린 여성 노동자 김경숙의 죽음으로 이어지면서 급기야 전국적인 소요사태로 이어졌고, 끝내 박정희 대통령 암살과 체제 교체라는 엄청난 정치적 폭풍을 몰고 왔다. 역사적인 평가를 내리자면, 어린 여성 노동자들의 용기 있는 저항을 통해 해방 이후 반공 체제 아래에서 단절되었던 노동운동이 새로 시작될 수 있었다.

이렇듯 고난에 찬 여성 노동자 투쟁은 자서전이라는 글쓰기를 통해 세간에 알려졌다. 1970~1980년대에 출간된 석정남의《공장의 불빛》이나 장남수의《빼앗긴 일터》는 동시대인들로 하여금 여성 노동의 열악한 현실을 미처 파악하지도 해결하지도 못한 데 대한 자책과 통한의 눈물을 흘리게 만들었다. 이 책들은 여성 노동자에 대한 기업가의 비인간적인 대우, 신규 노조 설립에 대한 회사의 지나친 방해공작, 공권력이 가하는 폭력의 참혹한 현실을 알리고, 노동조건 개선에 대한 사회적 공감대를 넓히는 데 크게 기여했다. 또한 여성 노동자들의 저항은 이들의 희생이 한국 경제의 초기 자본축적에 기여했다는 역사적 의미를 환기하는 계기도 되었다.

흥미로운 점은, 여성 노동자들은 앞서 언급한 저임금·장시간 노동으로 번 수입의 절반 이상을 저축하고 있었으며, 저축액의 상당 부분을 농촌에 남은 가난한 부모의 생계를 돕거나 남자 형제의 학비를 대는 데 썼다는 사실이다. 그들은 자신을 희생해 오빠나 남동생의 고등학교와 대학교 진학을 뒷바라지한 것이다.[9] 1980년 여성유권자연맹이 구미공단과 구로공단 여성 노동자를 대상으로 한 실태조사 보고서에 따르면, 이들은 낮은 임금을 받고도 그중 47.4퍼센트를 저축하고 있었다. 이렇게 굶주리면서 이어나간 기아저축의 용도로 동생 학비를 대준다는 항목이 12퍼센트를 차지했다.[10] 이러한 여성 노동자의 모습은 한편으로는 유교에 기초를 둔 가족주의적 가치관과 남아선호사상을 보여준다. 동시에 이런 여성들의 희생 속에서 한국의 초기 경제개발과 이에 필요한 전문 인력 양성의 성공적인 역사가 드러난다. 소농이 자녀에게 대학 교육을 시킬 수 없었던 다른 제3세계 국가의 현실에 비교하자면, 한국의 사례는 독특하다. 소농들이 자녀 학비를 마련하기 위해 팔아 치운 '암소의 시체' 외에도 여성 노동자의 저임금노동이 중요한 역할을 한 것이다.[11]

그러나 자기희생을 강요받았던 여성 노동자들이 늘 낙담하고 체념한 것만은 아니다. 여성 노동자들은 대부분 높은 향학열을 불태웠고, 장시간 노동을 하면서도 틈틈이 졸린 눈을 치뜨고 야간학교를 다녀 고교 졸업증을 따거나, 이마저 여의치 않으면 교회 도서실에서 책이라도 빌려 보는 눈물겨운 노력을 보여주었다. 이런 부지런한 향학열과 책 읽기 속에서 여성 노동자들의 값진 수기가 여러 편 탄생할 수 있었던 것 같다.

앞서 언급한 젊은 여성 노동자의 투쟁은 해방 이후 거의 소멸된 노동운동의 불꽃을 살리고, 제3세계 여성 노동운동의 선구자적인 모델을 만들었다. 이들의 투쟁 경험은 좀 더 낮은 임금의 노동력을 찾아 한국을 떠난 다국적기업들이 자리 잡은 동남아 지역으로 전달되었다. 한국의 여성 노동자 투쟁은 1980년대 이후 필리핀과 태국 등지에서 일어난 여성 노동자 운동에 투쟁 방식과 전략을 제공해주었다.

그러나 투쟁에서 여성 문제에 대한 각성이나 페미니즘 인식이 주요 과제로 떠오른 것은 아니었다. 공장 내 비인간적인 대우나 성희롱 등에 대한 비판과 저항은 간간히 있었지만, 여성 문제가 전체 노동문제와 어떻게 접합되어야 하는지의 고민이나 성차별에 대한 날카로운 문제의식은 잘 드러나지 않았다. 이들에게는 저임금과 장시간 노동이라는 긴박한 현실을 해결하는 것과 노조운동에 대한 탄압 해소가 더 시급한 과제로 떠올랐기 때문일 것이다. 여성 노동자나 여성 민주화운동가가 성차별 문제를 절실히 떠올리게 된 것은 민주화운동이 일정하게 성공을 거두는 1987년 6월 항쟁 이후였다.

근대 전환기부터 1980년대 후반에 이르기까지 여성들의 상황은 열악하기 짝이 없었다. 이런 상황에서도 페미니스트들은 끈질기게 저항했다. 구한말의 여성 개혁자, 식민지 시대의 여성 독립운동가와 신여성, 여공과 해녀, 1970~1980년대의 여성 노동자. 이들은 모두 인간적인 삶을 위해 싸웠으며, 이 과정에서 성차별과 그로 인한 모순으로 고통을 겪었다. 역사는 비약이 없는 것 같다. 이들의 고난과 헌신의 연장선상에서 새 여성운동이 탄생했으니 말이다.

03

함께할 것이고, 따로 갈 것이다
: 1980년대 후반, 새 여성운동의 시작

50대 이상의 세대에게 1987년 6월은 잊을 수 없는 강렬한 기억이다. 대학 입학 이래로 줄곧 시위, 체포와 구속, 고문과 구타 등의 국가폭력과 강제 입영을 경험한 그들에게, 6·10 거리항쟁은 100만 명이 시청 앞 광장에 모여 과거의 불행을 모두 청산하는 역사적 과정이었다. 아울러 그때까지 민주화운동이 학생을 포함한 지식인들과 저항하는 노동자들만의 운동이었다면, 이제 거리 항쟁은 시장 상인부터 화이트칼라 직장인까지 시민 모두의 궐기였다. 이를 통해 전두환 대통령을 주축으로 하는 군부독재 정권이 물러나고 직선제 개헌이 실현될 수 있었다. 이제 한국 사회에서도 최소한의 정치적 민주주의가 달성되었다.

한국 사회가 폭압적인 군부독재에서 벗어날 수 있는 최소한의 토대가 생겨나자, 독재 타도를 우선으로 했던 여성 사회운동가들은 그간 여성이 놓인 열악한 현실에 대응하지 못한 점을 자책하며 적극적으로 여성 조직을 만들기 시작했다. 이에 1983년 '민주화운동청년연합회여성위원회'(이하 '민청련 여성부')와 '여성평우회'가 출범했다. 초기 단계에 여성운동의 방향을 둘러싸고 논쟁이 있었는데, 전자가 여성운동을 '분단 극복과 독재 정권을 타도하기 위한 사회운동'으로 규정했다면, 후자는 여성운동의 독자성을 주장하며 여성 문제를 매개로 한 대중운동 방식을 더 선호했다.

이후 매 맞는 아내의 문제를 제기하며 1983년 창립된 '여성의전화'를 필두로,[1] 여전히 저임금과 장시간 노동에 시달리는 여성 노동자의 해방을 모색하는 '한국여성노동자회', 성차별 폐지와 여성의 평등한 노동권을 요구하는 '여성민우회'가 탄생했다. 각 부문이나 이슈에 따라 출범한 여성단체들은 이러한 새로운 여성운동을 포괄하는 연대 조직으로 '한국여성단체연합'을 1987년에 함께 창립했다. 그렇다면 이들에게 왜 '새 여성운동'이라는 명칭을 붙일까?

이전에도 여성운동이 없었던 것은 아니다. '새마을부녀회'나 '고향을 생각하는 주부모임' 등의 연대 조직인 '한국여성단체협의회' 산하에는 많고 다양한 여성단체가 있다. 이 조직의 회원 수는 지역에서 성인 여성 인구의 거의 4분의 1을 망라하는 거대한 규모이다.[2] 관변 조직에 가까운 이들은 지역의 소수 명망가에 의해 조직되고, 이들이나 국가의 재정적 지원에 의존하는 경우가 많았다. 그러다 보니 페미니즘 인식이 약하고 자율성도 낮은 편이다. 그러나 여기에 속한 다수의 여성들은 국가의 미흡한 사회복지 서비스를 헌신적으로 메우는 중요한 역할을 했다. 예를 들어 고아원·병원에서 자원봉사를 하고, 독거노인과 소년가장 돕기 등의 활동을 펼쳤으며, 수해나 지진 같은 국가 재난이 일어났을 때도 복구 사업에 참여하는 등 여성들의 노동은 매우 요긴했다. 그뿐 아니라 인구 증가 억제가 절실했던 1960~1970년대에 이 조직들은 가족계획을 수행하는 주요한 활동 주체였다.[3] 위로부터 조직된 이런 유형의 여성단체의 회원들은 국가적인 사업에 자주 동원되었지만, 이를 통해 관이 주도하는 한국의 근대화에 일정 정도 기여했다는 사실을 기억해야 할 것이다.[4]

한국여성단체협의회나 YWCA 등은 자유주의 페미니즘적 실천 활동의 면모도 보여주었다. 가족법 개정 운동을 지속적으로 추진하고, 여성 노동자의 처우 개선을 요구하는 캠페인을 전개했다. 저임금이나 배치·승진의 차별대우, 조기정년제에 대한 시정 요구 등이 이에 해당한다. 1983년 한국통신공사가 전화교환원의 정년을 43세로 낮추자, 노동자 김영희 씨가 정년퇴직 무효소송을 제기하고, 이를 여성계가 적극적으로 지원해 승소를 이끌어낸 것은 큰 성과였다. 또한 관행적으로 이루어졌던 '여성 은행원의 결혼 후 퇴직제'에 대해서도 불복하는 소송이 진행되자 '여성의전화'를 비롯한 여성단체들은 적극적으로 지원했다.

이렇듯 그전에도 여성권리 증진을 위한 여러 활동이 없지 않았는데도 1987년 민주화항쟁을 전후해 등장한 여성들의 활동을 '새 여성운동'으로 지칭하려는 것은, 그간의 여성단체 활동과는 차별성을 보이기 때문이다. 우선 이때부터 여성운동은 정부나 다른 사회운동에 소속되기를 거부하고 독자 조직을 꾸리며, 가부장제 타파를 통한 성 평등 사회를 실현하는 여성해방의 관점을 적극적으로 표방했다. 그동안 제3세계에서 진행되는 대다수 여성운동의 입장, 즉 "사회 문제가 해결되어야 여성 문제도 해결될 수 있다"는 기본 전제를 포기한 것은 아니지만, 운동의 무게중심을 여성운동의 독자성을 더 강조하는 입장에 두는 것이다.

68학생운동 이후 활발해진 서구의 새 여성운동이 남성 중심적 사회구조나 가치체계에 크게 실망하면서 '따로'를 선언한 데 비해, 1980년대 말 이래로 새 여성운동은 "함께 그리고 따로"를 표방하면서 시민사회운동과 연대해 사회개혁을 추진하되 운동의 독자적인 경로를 선택했다. 이러한 전략 없이는 민주주의를 한층 더 진전시키려 하는 시민사회운동 내에서조차 발생하는 가부장적 관행과 성차별에 비판적으로 대응할 수 없기 때문이었다.[5] 그러나 여성의 진정한 해방은 사회구조를 개혁하지 않고 이루기가 불가능하기에 시민사회운동과 함께 가는 개혁도 불가피했다. 그래서 새 여성운동을 '진보적 여성운동'으로 지칭하기도 한다. 이러한 새 여성운동의 모델이 서구와 다른 우리의 고유한 전략적 선택이라고 생각한 적지 않은 사람들이 이런 한국 여성운동의 대응을 높이 평가했다.[6]

이렇게 한국의 페미니스트들은 독자적인 전략을 선택했지만, 새 여성운동이 형성되는 과정에는 국제사회의 영향력도 적지 않았다. 우선, 1975년 6월 19일부터 7월 2일까지 멕시코에서 개최된 이래로 10년마다 열린 유엔 세계여성대회는 1995년 베이징 세계여성대회에 이르기까지 행동강령 발표를 통해 여성운동에 활동 가이드라인을 제공해주었고, 나아가 정부나 시민사회가 성 평등 정책을 실행하도록 압력을 가하는 역할을 했다.

그러나 이보다 더 큰 영향력을 행사한 것은 1970년대 이래로 서구를 휩쓴 페미니스트 운동 제2의 물결일 것이다. 해방을 위한 서구 여성들의 열정적인 활동들은 한국 사회에도 영향을 끼쳐, 이화여자대학교에서 먼저 여성학연구위원회를 만들고 여성 문제를 연구하며 교육하는 사업을 적극적으로 추진했다. 이어 1977년에는 여성학 강좌가 개설되고 다른 대학으로도 광범하게 확산되면서 젊은 여성들 사이에 페미니즘이 확산되는 데 크게 기여했다. 이어 이화여대를 포함한 몇몇 여대의 대학원 과정에 여성학 전공이 설치되면서 페미니즘 토론을 활성화하는 데 크게 기여했다. 또한 1970년대부터 이화여대, 숙명여대, 서울여대 등의 여자대학에서 많은 여학생들이 반독재-민주화운동에 적극 참여하면서 사회비판의식과 정치 참여를 촉진했고, 이는 1980년대 후반 활발해지는 새 여성운동에 주체적인 활동가를 공급해주는 역할을 했다.[7]

새 여성운동은 어떤 성과를 거두었을까? 새 여성운동이 출범하는 1980년대 말까지 우리에게는 여성정책이라고 할 만한 것이 없었다. 형식적으로는 보통·평등·직접·비밀선거의 원칙 아래 여성에게 참정권이 주어졌지만, 정부는 근대화 과정에서 신속한 경제성장을 이루고자 여성정책을 빙자해 여성을 동원했을 뿐이다. 그외에 반공주의와 독재정치를 위해서도 여성은 늘 호명되었다. 이런 현실에서 여성의 인권이 보호될 리 없었다. 따라서 새 여성운동이 가장 먼저 집중한 것은 일상적으로 자행되는 인권 침해로부터 여성을 보호하는 일이었고, 여성 인권 관련법의 제정과 개정을 위한 활동에 가장 먼저 착수했다. 구체적으로 1987년 '남녀고용평등법' 제정, 1991년 '영유아보육법' 제정, 1993년 '성폭력특별법' 제정, 1997년 '가정폭력방지법' 제정, 1999년 '남녀차별금지및규제에관한법' 제정을 들 수 있다. 법 제정 운동 과정에서 페미니스트들은 현장에서 올라오는 회원 단체의 요구를 반영하고, 전문 인력을 동원하며, 지속적인 로비와 언론 홍보를 하고, 청원안을 제출하거나 정부를 압박하는 전략을 구사했다. 그러나 법의 제·개정에 더 결정적인 역할을 한 것은 피해자들이 겪은 끔찍한 경험이었고, 이는 여론을 크게 자극했다.[8]

새 여성운동의 성공에서 좀 더 중요한 동인은 운동 주체의 역할이었다. 난관과 궁핍의 시절, 한국 여성운동을 재정적으로 지원한 독일 기독교개발원조처의 실무자들이나 자문 교수들의 평가를 통해 운동 주체들의 모습을 들여다볼 수 있다. 개발원조를 받는 국가에 대한 평가 작업의 일환으로 한국을 방문했던 사회학자 일제 렌츠(Ilse Lenz)와 강정숙은 외국 원조 분야에서 일하는 여성의 경우

상대적으로 물질적 혜택을 누리는 다른 국가와 달리, 독일의 재원을 받는 한국의 여성운동가들은 늘 가난했으나 유입된 재정을 매우 투명하게 사용했다고 평가했다.

그뿐만 아니라 한국의 여성운동가들은 여성해방에서 여성 노동과 물질적 문제가 지니는 중요성을 강조하는 만큼, 여성운동과 민주화운동의 관계에서도 '함께 그리고 따로'의 전략을 통해 성 평등과 사회경제적 구조 개혁을 결합하는 긍정적 대안을 보여주었다는 것이다. 또한 '광범한 여성 대중에 대한 사회적 책임'을 강하게 느끼며 일상생활에서도 도덕경제 관점과 함께 자기희생과 상호부조의 자세를 보여주어 감동적이었다고 렌츠와 강정숙은 술회하고 있다. 그래서 독일의 페미니스트로서 스스로를 많이 반성하게 되었다는 말도 덧붙였다.[9]

독일 기독교개발원조처의 초기 재정 지원과 관련해서도 재미있는 일화가 있다. 독일 측 실무자였던 쇤베르크 박사는 한국이 OECD에 가입하면서 개발원조가 중단되는 시점이었으나, 특별히 여성운동 지원의 필요성을 느낀 것은 한국이 두드러지게 남성 중심적인 사회로 비쳤고, 여성은 신속한 경제성장으로부터 가장 고통받는 집단임을 발견했기 때문이었다고 진술했다. 이에 쇤베르크 박사는 한국 여성운동가에게 프로젝트 신청을 제안했지만, 놀랍게도 이들의 초기 반응은 부정적이었다. 원조를 받는 다른 제3세계 국가의 여성들과는 달리, 한국 여성운동은 '개발원조를 제국주의 전략의 일부'로 이해하고 이를 거부했다.

독일 본부에서는 '수혜자가 원치 않는 재정 지원을 할 필요가 있느냐'는 회의론이 나타났지만, 한국 여성운동가들을 설득했고, 한국에 대한 다른 개발원조가 모두 중단된 상태에서 한국여성단체연합과 산하 단체들은 6년 동안 더 지원받을 수 있었다.[10] 1993년 한국여성단체연합의 1년 예산 중 독일의 지원금이 거의 90퍼센트를 차지한 걸 보면, 이 돈이 개척기의 여성운동 발전에 큰 역할을 했다는 점을 확인할 수 있다.[11] 아울러 독일 개신교 교회의 재정 지원은 좌경화를 핑계로 자행되는 정치적 탄압을 피할 수 있도록 방파제 역할을 해주는 이중 효과가 있었다. 이제 새 여성운동의 등장 이후 30년간 계속된 페미니스트 운동의 이슈이자 여전히 현재진행형인 몇 가지 쟁점을 들여다보자.

04

사람을 죽인 것이 아니라 짐승을 죽였다

: 여성을 향한 폭력, 그 지독한 역사

1991년 전북 남원에서 9세 때 이웃집 아저씨에게 성폭행을 당한 한 여성은 결혼 이후 남편과의 부부 관계를 거부하다가 이혼을 하고 말았다. 이후 재혼을 했으나 넋이 나간 사람처럼 행동하거나 다시 남편과의 잠자리를 거부하는 등 증세가 심해졌다. 그녀는 자신이 겪는 고통과 이상행동이 어린 시절에 당한 성폭행에서 기인했다는 것을 깨닫고 고소하려 했지만, 당시에는 본인이 신고를 해야 하는 친고죄 규정이 있었고, 고소 가능 기간도 사건 발생 후 6개월 이내였다. 법적인 도움을 받을 수 없다는 것을 알게 된 그녀는 스스로 가해자 송백권을 벌하기로 결심했다. 그녀는 식칼을 들고 21년 전 자신을 성폭행한 송백권을 찾아가 살해한 후 현장에서 체포되었다.

이 사건은 지방지에 조그맣게 보도되었지만, 전북 지역의 여성 단체를 중심으로 무죄 석방을 위한 활동의 필요성이 제기되면서 널리 알려졌다. 여성계는 대책위원회를 광범하게 구성했고, 공동 변호사 구성, 언론사 홍보, 서명 작업, 후원회 구성과 기금 마련 등의 활동을 이어갔다. "나는 사람을 죽인 것이 아니라 짐승을 죽였다"라는 그녀의 절규는, 당시 성폭력의 개념이 제대로 정립되지 않아 '성폭력은 행실이 바르지 않거나 운이 나쁜 여성이 겪는 일'이라는 왜곡된 사회적 인식을 바꾸는 데 기여했다. 이를 통해 그녀는 집행유예로 석방되어 치료감호소에서 심리적인 치유를 받을 수 있었고, 성폭력 관련 특별법 제정을 촉구하는 활동이 이어졌다.[1]

마찬가지로 사회를 뜨겁게 달군 또 다른 충격은 김영오 사건이다. 피해자는 7세 때 어머니가 재혼한 뒤 9세 때부터 의붓아버지 김영오로부터 상습적인 성폭행을 당했다. 가족을 몰살하겠다는 협박 때문에 모녀는 이를 신고하지 못했다. 그러다 피해자가 대학에 입학해 기숙사로 들어가고, 남자친구에게 사실을 고백했다. 사실을 알게 된 남자친구는 김영오(당시 충주 지방검찰청 총무과장)를 찾아가 성폭행을 멈출 것을 간청했으나, 오히려 그는 "다 잡아 넣겠다"는 협박을 가했다. 1992년 1월 17일, 두 사람은 몰래 집에 숨어들어 술 취해 잠든 의붓아버지를 식칼로 살해했다.

당시 남자친구의 아버지가 성폭력상담소에 상담을 의뢰하면서 이 끔찍한 사건이 세간에 알려졌고, 여성운동계를 중심으로 공동 대책위원회가 구성되어 22명의 무료 변호인단이 이 사건에 대응했다. 1992년 4월 피해자의 남자친구는 징역 5년, 피해자는 징역 3년(집행유예 5년)을 선고받았다. 이듬해 김영삼 대통령의 특별사면으로 피해자는 사면과 복권을 받았고, 남자친구는 잔여 형의 절반을 감면받았다. 이 사건은 그간 우리 사회에서 금기로 여겨진 근친 성폭력의 실상이 적나라하게 드러나는 계기가 되었고, 1993년 성폭력특별법이 제정되는 데 큰 영향을 주었다.[2] 이 법을 통해 가해자에 대한 처벌 강화와 피해자 지원 체계가 마련되었고, 전국의 성폭력상담소에 대한 경제적 지원도 이루어졌다.

1997년 가정폭력방지법이 제정되는 데도 한 사건이 결정적인 계기를 제공했다. 1996년 5월, 72세의 할머니가 폭력 사위를 살해한 사건이 발생했다. 특히 이 사건은 어버이날에 발생해 많은 이들의 가슴을 아프게 했다. 할머니의 딸은 제주도의 한 음식점 종업원으로 일하면서 전과 18범인 오원종을 만났는데, 그는 강제추행을 한 뒤 그녀의 남편 행세를 하면서 폭력을 휘둘렀다고 한다. 폭력을 견디다 못한 그녀가 친정으로 도피하자 오원종이 찾아와 흉기를 휘두르며 구타했고, 이를 말리는 과정에서 할머니는 딸을 보호하기 위해 순간적으로 오원종의 가슴을 찔렀다는 것이다. 이 과정에서 나타난 특히 심각한 문제는, 폭력을 견디다 못한 피해 여성이 여러 번 경찰에 신고했으나, 경찰은 번번이 개입할 수 없는 가정 내 문제로 치부하며 아무런 조치도 취하지 않았다는 점이다.

이미 1990년대 초부터 여성의전화 등 여성 인권단체들이 노력을 기울여왔음에도 가정폭력방지법 제정은 결실을 거두지 못하고 있었다. 이에 '수원 여성의전화'나 '수원 가정법률상담소' 등이 비상대책위원회를 꾸린 후 할머니 구명운동과 경찰의 직무유기 고발이 이루어졌다. 이어 전국 100여 개의 여성단체들이 할머니 구명과 더불어 가정폭력 추방을 위한 법 제정에 적극적으로 나섰다. 할머니는 상해치사 혐의만 인정되어 징역 2년 6개월에 집행유예 4년으로 풀려났고, 이 사건은 가정폭력방지법이 제정되는 데 중요한 계기를 제공했다. 이후 가정폭력에 대한 처벌은 강화되었으나, 경찰의 책임을 의무화하고 직무유기에 대한 행정적 책임을 엄격하게 물으려는 페미니스트들의 노력은 큰 성공을 거두지 못했다는 한계도 있었다.[3]

여성 인권과 관련해 1990년대에는 이렇듯 빈번한 성폭력과 가정폭력 문제가 피해자들을 통해 세상에 알려졌고, 여성을 대상으로 한 폭력의 심각성이 사회적으로 많은 관심을 끌었다. 불완전한 형태이지만, 성폭력특별법과 가정폭력방지법이 제정된 것은 큰 성과였고, 그 배경에는 열악한 조건 속에서 힘겨운 싸움을 견뎌낸 페미니스트들의 강인하면서도 끈질긴 활동도 있었다는 사실을 우리는 기억해야 할 것이다. 한국여성의전화나 한국성폭력상담소 등에서 일하는 페미니스트들은 낮은 임금, 장시간 노동, 피해자들의 트라우마를 함께 겪어내는 고통 속에서 헌신적인 자기희생을 통해 여성 인권을 향상시켰다. 그러나 오늘날 데이트 폭력이나 디지털 성폭력에서 드러나듯, 여성을 향한 폭력에 대한 저항은 여전히 계속되어야 할 여성운동의 과제로 남아 있다.

05

그것이 왜 필요악인가

: 군산 희제 사건, 성매매방지법의 빛과 그림자

성매매가 필요악이라는 궤변은 그 역사가 오래되었다. 사회의 건강한 성도덕을 위해서는 금지되어야 할 폐습이지만, 성폭행과 같은 사회적 문제를 야기할 수 있는 남성의 성욕을 해소하기 위해서는 어쩔 수 없다는 인식이 지배적이었다. 1961년에 제정된 '윤락행위 등 방지법'은 성매매를 금지했으나, 사회에서는 공공연히 자행되었다. 1980년대 이전의 성 산업은 주한미군과 일본인 관광객을 대상으로 한 외화벌이가 주목적이었다면, 1980년대에 들어와서는 한국 남성을 상대로 한 성매매 산업이 놀랄 만한 규모로 번창하기 시작했다. 룸살롱, 요정, 카바레, 스탠드바, 다방, 숙박업소, 안

마시술소, 목욕탕, 이용업소 등 다양한 업소를 망라하며 공공연히 이루어졌다. 2002년 형사정책연구원의 통계에 따르면 성매매 경제 규모는 연 24조에 달하고, 성인 남성 둘 중 하나가 성 구매 경험이 있으며, 적어도 33만 명의 여성이 성매매에 관여되어 있었다. 이러한 조사 결과는 충격적인 것이었다.[1]

성매매로 인한 여성 인권 침해 문제가 전면적으로 제기된 것은 성매매 여성 종사자들의 참혹한 죽음을 통해서였다. 2000년 9월 19일 군산 대명동에 있는 성매매 업소에서 화재가 나 성매매 여성 5명이 사망했는데, 3층짜리 업소 2층에서 화재가 나자 여성들은 창문을 두드리며 살려달라고 외쳤으나, 철창으로 막아둔 창문과 바깥에서 잠가둔 출입문 때문에 빠져나오지 못했다. 그들은 불법 개조된 1평 남짓한 쪽방 7개에 갇혀 있었다.

불과 1년여 만인 2002년 1월 19일, 군산 개복동 유흥주점에서 일어난 화재 사건에서도 갇혀 있던 여성 14명을 포함해 15명이 불에 타죽은 참사가 일어났다. 5명의 여성이 희생된 지 얼마 지나지 않아 같은 지역에서 다시 엄청난 희생자를 낸 현실을 접하며, 페미니스트들은 합동여성장 노제에서 통한의 눈물을 흘렸다. 대명동의 경우 업소로부터 100미터 거리에, 개복동은 불과 30미터 거리에 파출소가 있었다. 이에 지역 여성단체들을 중심으로 사건의 진상을 규명하는 활동에 착수해 성매매 현실을 진단했고, 그 과정에서 뇌물을 상납받은 군산 지역의 경찰과 공무원 등 관련자를 적발해 고발했다.[2]

2000년까지 성매매는 진보적 여성운동의 핵심 이슈가 아니었다. 그러나 군산에서 드러난 노예매춘의 실상을 들여다본 여성들이 성매매 여성의 인권 문제를 제기하기 시작했다. 한국여성단체연합과 민주사회를 위한 변호사모임은 여성의전화, 여성민우회, 성폭력상담소와 함께 국가를 상대로 손해배상소송을 시작했다. 한국여성단체연합은 2002년 총회에서 '성매매방지법 제정 특별위원회'를 조직했으며, 대국민 홍보를 비롯해 성매매방지법 제정을 위한 활동을 적극적으로 펼쳤고, 성매매 여성에 대한 긴급 구조 활동도 시작했다.[3]

2년여의 힘겨운 노력 끝에 2004년 3월 22일, 마침내 '성매매알선 등 행위의 처벌에 관한 법률'과 '성매매방지 및 피해자보호 등에 관한 법률'(합쳐서 이하 '성매매방지법')이 국회에서 통과되어, 9월 23일부터 시행되었다. 법 제정은 전국의 여성운동가들과 시민사회단체들이 적극적으로 연대하고 정부가 우호적으로 지원했기에 가능했다. 특히 1980년대 후반에 새 여성운동이 '여성의 정치 세력화'를 표방하며 정계로 진출시킨 여성주의 관료들(femocrats)의 역할이 돋보였다.

그러나 통과된 성매매방지법이 진보적 여성운동의 희망을 그대로 반영한 것은 아니었다. 여성운동 측은 인신매매 등을 통해 진입한 경우가 많았던 성매매 여성을 비범죄화하고, 구매자와 알선자를 엄하게 처벌하는 북유럽 국가의 정책, 일명 '노르딕 모델'을 제안했으나, 형평성을 이유로 성매매 관련자 모두를 처벌하는 금지주의가 채택되었다. 이를 보완하고자 피해자의 처벌을 유예하고 지원해주는 '보호법'을 추가로 제정했다. 이후 반성매매 여성 인권 운동은 노르딕 모델로의 법 개정 운동을 오늘날까지 이어오고 있다. 이런 한계에도 불구하고 성매매방지법은 알선업자에 대한 처벌을 강화하고 부당수익을 몰수함으로써 성매매의 중간 알선 고리를 근절했고, 성 구매자에 대한 처벌을 강화했으며, 성매매 여성을 피해자로 보고 법적 보호의 길을 열었다는 점에서 페미니스트의 큰 성과라 할 수 있다.

이렇듯 성매매방지법이 여성 인권의 신장에 기여했음에도 불구하고, 막상 법이 시행되어 성매매 집결지를 중심으로 단속이 강화되자, 성매매 여성의 생존권 문제를 제기하는 반대 시위가 지역 상인들과 업주들, 그리고 당사자 여성들을 중심으로 일어났다. 이 시위를 계기로 페미니스트들 사이에서 성매매방지법을 둘러싼 입장 차이가 나타났다. 크게는 ① 성매매 여성을 성 노동자로 규정해 노동권을 내세우며 금지주의를 반대하는 입장, ② 성매매는 필요악이고 성매매에 국가가 개입하는 것은 사생활 침해라는 주장, ③ 성매매가 생계 수단인 여성에게 성매매를 허용하자는 주장으로 갈라졌다.[4]

아울러 인류의 역사 이래 성적 욕구의 행사는 남성의 당연한 권리라는 주장과 함께, 성매매방지법의 제정을 주장한 페미니스트를 비난하는 반대 역풍도 강하게 일었다. 페미니스트들이 이런 역풍을 헤쳐 나가는 데 경실련, 참여연대, YMCA 같은 다른 시민단체의 지원과 공동 캠페인이 큰 도움이 되었다. 여기서 새 여성운동이 시도한 '함께 그리고 따로' 전략의 효과성을 확인할 수 있다. 이제 한국은 스웨덴과 더불어 국제사회에서 성매매 금지주의를 표방하는 대표적인 국가가 되었다.

06

가부장제의 성역이 무너지다
: 호주제 폐지, 반세기 투쟁의 승리

한국의 여성운동사에서 호주제 폐지 운동만큼 오랜 시간이 걸리고 '전방위적인 전략'을 동원한 사례는 없을 것이다. 호주제는 한국의 모든 여성이 당면한 열악한 현실의 기본 토대를 상징하는 가장 민감한 가부장적 장치였다. 그러나 동시에 호주제는 가족생활이나 사회 통념과 긴밀히 결합되어 있어, 보통의 시민에게는 건드릴 수 없는 성역이었다. 1950년대에 시작된 운동은 2005년 호주제 폐지로 이어지기까지 반세기가 걸렸고, 여성운동가들은 사력을 다해 싸웠다(59~60쪽 참조).

그사이 몇 차례에 걸친 가족법 개정을 통해 성차별적이고 불합리한 조항이 개정되었지만, 여전히 호주제로 인한 차별적 현실은 사라지지 않았다. 이에 1997년 들어 여성단체들은 당시 심각한 사회 문제였던 성비 불균형의 원인이 남아선호사상에 따른 여아 낙태임을 비판하고, 남아선호의 주범인 호주제의 폐기 운동을 석극석으로 전개하기 시작했다. 그 상징적인 의미로 진보적 여성단체들은 3·8 여성대회에서 '부모 성 함께 쓰기' 운동을 선언하며 호주제 폐지를 압박하는 상징적 퍼포먼스를 이어갔다. 이에 대한 교육과 홍보를 강화하던 차에 2000년 9월, 137개 여성·시민사회단체가 호주제폐지시민연대를 결성하고, 국회에 호주제 폐지 청원서를 제출했다. 헌법재판소에서 위헌소송을 추진하며 대국민 서명운동도 전개했다.

2003년 호주제 폐지를 공약으로 내세운 노무현 정부가 출범하고, 폐지 운동에 앞장섰던 강금실 변호사가 법무부 장관으로, 지은희 한국여성단체연합 전 상임대표는 여성부 장관으로 임명되면서 호주제 폐지 운동에 유리한 환경이 조성되었다. 그러나 유림을 비롯해 지역 여론을 의식한 국회의원들이 몸을 사리면서 16대 국회에서는 여성들의 염원이 실현되지 못했다. 이후 페미니스트들의 적극적인 여성 정치 세력화 운동을 통해 17대 국회에서 여성 의원이 39명으로 늘어나고, 호주제 폐지를 당론으로 정한 열린우리당·민주당·민주노동당이 지원하면서 2005년 3월 2일 호주제 폐지가 국회 본회의에서 통과되었다. 이미 2월 3일에 헌법재판소가 호주제에 대해 헌법불합치 판결을 내린 것도 상황을 호전시키는 데 기여했다. 국회 문지방이 닳도록 의원들을 찾아다니고, 겨울 칼바람을 맞으며 거리 시위를 했던 페미니스트들은 환호와 감격의 눈물을 흘렸다. 역사적 순간을 맞이한 그들의 모습은 텔레비전에 생중계되었다.

호주제 폐지의 성공 요인은 호주제 폐지에 무관심했던 중·장년층까지 지지 세력으로 끌어들이면서 국민적 공감대를 확대한 점, 호주제폐지시민연대를 통해 여성들뿐 아니라 남성들에게도 '호주제 폐지 1만인 남성 선언' 등을 끌어낸 점, 위헌소송과 같은 사법제도를 활용한 점, 행정부와 함께 '호주제폐지특별기획단'을 조직해 협치를 이룬 점, 입법부를 적극 견인한 점 등을 들 수 있을 것이다. 호주제 폐지 운동에 여성계뿐 아니라 시민사회 전체가 공감하고 함께 움직인 것이 성공에 크게 기여했는데, 이 과정에서 새마을운동중앙회나 한국자유총연맹 같은 보수적인 사회단체를 설득해낸 것도 훌륭한 전략적 선택이었다.[1]

**대학로에서 열린
2003년 3·8 여성대회 가두행진**
자료: 한국여성단체연합.

호주제 폐지로 호주(戶主)를 중심에 둔 가(家) 단위의 호적이 사라지고, 새로운 신분등록제가 생겼다. 이제 국민 개개인이 기준이 되는 신분등록부를 갖게 되었고, 결혼 시 배우자가 상대의 신분등록부에 표시되는 방식으로 바뀌었다. 진보적인 여성운동 측은 자녀가 성씨를 아버지나 어머니의 것 중 자유롭게 선택하도록 하는 법안을 요구했지만, 혼인신고를 할 때 어머니의 성을 따르기로 한 경우에 한해 어머니의 성씨를 따를 수 있도록 국회 논의 과정에서 최종적으로 정리되었다.

이런 아쉬움이 있더라도 호주제 폐지를 통해 우리 사회를 규정하는 공동체의 가치나 작동 방식이 변화의 계기를 맞이한 점은 매우 유의미하다. 가족제도의 변화는 전 사회에 걸쳐 수직적인 가부장적 문화를 민주적이고 수평적인 문화로 바꾸어가는 데 크게 기여했기 때문이다.

한편 이와 관련해 올드 페미니스트들에게는 눈물을 흘리지 않을 수 없는 여러 기억들이 있다. 매서운 겨울바람 속 거리 시위를 펼치고 수없이 국회의원들을 찾아다닐 때는 경비 직원에게 쫓겨나기 일쑤였다. 유림 어르신들의 욕설도 견뎌야 했고, 집집마다 전통을 지켜야 한다고 우기는 아버지와 호주제 폐지를 말하는 딸 사이에, 시아버지와 며느리 사이에 심각한 말다툼과 갈등이 벌어졌다. 사실 호주제는 전통이 아니라 일본 식민정책의 일환으로 만들어진 '전통의 날조(invention of tradition)'다. 그래서 일본과 북한에서는 이미 1950년대에 호주제가 폐지된 것이 아닌가.

또 다른 난관은 지역구 선거에 매달리는 국회의원들이었다.[2)] 불과 수십 표 차이에 당락이 결정되기도 하는 지역구 선거를 앞둔 국회의원들에게 호주제 폐지 찬성은 큰 모험이었다. 2004년에 이미 호주제 폐지에 대한 사회적 공감대가 넓어졌는데도, 해를 넘겨 2005년에야 호주제가 폐지된 것은 총선을 피하기 위한 계산법의 결과였다. 그래서 예상과 달리 2004년에 성매매방지법이 급하게 통과된 것은 호주제 폐지 지연에 대한 여성계의 분노를 무마하기 위한 조처였다는 해석이 지배적이다.

2

다시 쓰는
우리의 이야기

07

아름다움, 가장 교묘한 신화

· 일상의 정치를 내쫓화한 달고르셋 운농

내게 내 몸과 이를 어떻게 사용할지 스스로 결정할 절대적 권리
가 없다면, 투표를 하고 재산을 소유할 권리가 있어도 내게는 의
미가 없다. – 루시 스톤(Lucy Stone)[1]

한국 사회에는 미의 신화를 둘러싼 광풍이 분다고 해도 과언이 아
니다. 그 대표적인 예가 일상생활의 일부로 자리 잡은 다이어트와
성형이다. 이미 2004년 조사에서 여대생의 절반 이상이 미용성형
을 한 경험이 있고, 80퍼센트가 성형을 원한다는 놀라운 통계 결과
가 나왔다.[2] 이런 놀랄 만한 통계 수치는 차치하고라도, 졸업을 앞

둔 직업고등학교 여자 졸업생 대다수가 '키 160센티미터 이상, 몸무게 53킬로그램 이하'라는 공공연한 취업 조건 때문에 성형수술과 다이어트에 매달리는 우울한 현실을 직시해야 한다. 한창 아름다운 미래를 꿈꾸어야 할 여성 청소년들이 몸에 대한 자유와 권리를 포기하고 스스로를 새로운 종류의 강제에 묶어야 하는 것이다.

"여자는 예뻐야 해", "프로는 아름답다", "여자 팔자는 외모에서 결정난다"는 식의 주장은 곳곳에서 횡행한다. 나오미 울프 (Naomi Wolf)는 책 《무엇이 아름다움을 강요하는가(The Beauty Myth)》에서 여성의 미와 관련된 여러 억압 요인들을 '미의 신화'로 명명했다. 여성의 미에 관한 문화 현상들은 '왜'라는 질문을 허용하지 않는다는 점에서 신화의 맹목성을 보여주고 있기 때문이다. 신화는 개인의 감정이나 의지를 초월한다. 또한 법과 제도, 관습과 언어, 일상과 공공의 영역을 드나들면서 때로는 집단의식 속에, 때로는 개인의 무의식 속에 잠재되어 나날의 선택과 판단을 좌우한다.[3] 미의 신화는 미에 대한 욕구가 여성의 자연스러운 본능이고, 시대와 공간을 초월하는 객관적인 미가 존재하는 듯이 선전한다.

그러나 아름다움은 보편적이거나 불변의 것이 아니다. 또한 신화에는 어떤 객관적인 근거도 없다.[4] 이는 시대와 공간에 따라 끊임없이 변화하는 미의 기준에서도 확인할 수 있다. 그런데도 여성은 불안해하면서, 이렇듯 변하는 기준에 끊임없이 적응해야 한다. 이에 우리가 신자유주의의 급류 속에서 문화자본이 퍼뜨리는 이데올로기에 포섭된 존재이고, 우리의 몸 역시도 중립적인 생물학적 실체가 아니라 "소비자본주의 시대의 권력·자본·가치·규범·이데올로기가 중첩된 사회 구성물'에 불과하다는 비판적인 주장이 나오고 있다.[5]

그렇다면 미의 신화는 여성에게 어떤 영향을 끼칠까? 우선 여성은 아름다움을 추구하는 일에 지나친 에너지를 쏟으면서, 일과 생활에 투여해야 할 집중력을 분산시킨다. 미의 신화는 여성의 심리적·경제적 부담을 늘리고, 결국 여성의 자존감을 빼앗는 주된 원인이 되고 있다. 사회가 요구하는 이상적인 미의 기준에 도달하지 못할 경우, 여성은 심리적 또는 정서적 대가를 치른다.[6]

정도의 차이가 있지만, 이런 현실은 미국이라고 다르지 않다. 미국에서 이루어진 조사에 따르면 도시의 직장 여성은 외모를 꾸미는 데 소득의 3분의 1까지 지출하고, 이를 필요한 투자라고 생각한다.[7] 1985년 통계에서는 미국 여성의 30퍼센트가 외모에 만족하지 않는다고 응답했는데, 1993년에는 48퍼센트가 불만이 있는 것으로 드러났다.[8] 여대생의 경우, 80퍼센트가 자신의 몸에 불만이 많다는 심각한 결과도 나왔다. 미국 대중문화에서 드러나는 여성의 몸 이상형, 예를 들어 패션계 슈퍼 모델의 몸매는 세계 여성 인구의 약 4퍼센트만이 가능하다고 한다. 여남 모두 일상적으로 이런 여성 이미지의 공세를 받지만, 여성 인구의 96퍼센트는 아무리 다이어트와 운동을 해도 그런 몸매가 될 수 없다.[9] 그런데도 미국에서 여성들이 점점 더 자신의 몸에 불만이나 열등감을 느끼는 것은 대중문화나 미디어에 나타나는 미의 이미지 때문이다.

미국에서는 여성이 느닷없이 유방의 크기를 염려하기 시작하면서 1990년대에 실리콘 유방 보형물이 여성의 몸에 일상적으로 삽입되었다. 포르노가 대중문화에 끼친 영향 때문일 것이다. 새로운 미의 이상형에 부응하기 위해 유방 확대 수술이 부각되었고, 이 수술을 선전하는 광고가 여성지의 새로운 수입원이 되었다. 이렇게 광고주의 이익이 극대화되었으나 10년 사이에 실리콘의 위험성이 서서히 드러났고, 급기야 2000년 미국에서는 실리콘 유방 보형물 시판이 금지되었다. 마찬가지로 이 시기에 섭식장애도 심각한 문제로 대두되어 미국 여성의 1~2퍼센트, 즉 150~300만 명의 여성들이 거식증으로 고통당하고 있었다. 그러나 아이러니는, 이런 장애가 도처에 많아지니 이를 오히려 정상적인 현상으로 받아들였다는 점이다.[10]

미국에서 일어난 미의 신화는 수출되어 국제화되었다. 바짝 마른 여성이 이상적인 미의 기준이 되자, 이는 전 세계로 퍼져나갔다. 젠더 사회학 연구자 로빈 라일은 미스 월드 선발이 시작되면서 미의 기준이 변한 나이지리아의 현상을 지적한다. 전통적 미인인 뚱뚱한 여성 대신에 마른 몸매가 이상적인 것으로 간주되었고, 결혼식 전에 신부를 풍만하게 만들기 위해 애썼던 관행들, 예컨대 가축 사료 또는 비타민을 먹이거나 몸을 뚱뚱하게 만드는 농장에 보내는 일이 사라졌다. 브라질에서는 바비 인형이 수입된 1970년대 이후 여성에 대한 미의 이미지가 달라졌다. 허리가 굵고 엉덩이와 가슴이 풍만한 몸매 대신 마른 몸매가 환영받게 되었다. 2001~2005년

에 브라질에서는 식욕억제제 섭취 비율이 두 배 가까이 늘었다고 한다.[11]

이렇듯 미의 신화 확산은 국제적 추세이지만, 한국에서는 미의 신화가 한층 더 집요하게 여성을 괴롭힌다. 외모 가꾸기와 성형수술 열풍이 폭발적으로 확산되고 있으며, 외모와 관련된 미용이나 피부 관리, 다이어트, 체형 관리 영역을 전문적으로 생산하고 판매하는 산업이 늘어나고 있다. 이제는 동네 곳곳에서 피부 관리실, 비만 관리실, 전문 미용실 등을 발견할 수 있을 정도로 우리 일상 생활에 깊이 스며들었다. 한국의 성형과 뷰티 산업은 전 세계가 주목할 정도로 발전해 그 영향력을 높이고 있다. 이런 산업이 중국과 동남아시아로 진출하면서 중국인과 동남아인도 그 열기에 가세하는 중이다. 미와 관련된 산업들은 '전문'이나 '과학적 관리'라는 수사와 더불어 기업적 경영을 통해 체계적으로 고객을 관리하는데,[12] 이제 수요가 공급을 창출하는 것이 아니라 집중적인 공급과 광고의 포화가 수요를 만들어내고 있다.

우리 사회에서는 시간이 흐를수록 외모와 성형수술에 대한 관심이 높아지고 있다. 한국갤럽의 2004~2020년 추세 변화 조사에 따르면 "귀하는 우리 인생이나 운명에서 외모가 얼마나 중요하십니까?"라는 질문에 2004년에는 84퍼센트, 2020년에는 89퍼센트가 "중요하다"고 대답했다. "귀하는 본인의 외모에 대해 얼마나 신경을 쓰십니까?"라는 질문에는 2005년에 58퍼센트, 2020년에 64퍼센트가 "신경을 쓴다"고 대답했다. 성형수술 경험에 대해서는 2004년에 7퍼센트, 2020년에 10퍼센트가 "있다"고 답했다. 여기서 여성은 대다수를 차지했다.[13] 2019년에 진행된 한 면접 조사에서 여고생은 자신의 학급에서 화장을 안 한 친구는 2~3명에 불과하다고 말했다. 교실 안 여고생들 다수는 단 "10분 만에 풀 메이크업"이 가능한 숙련자다. 화장은 여중생과 여고생에게 일상적 삶의 압력이자 일부가 되어버렸다.[14]

물론 미용 관련 산업의 성장이나 미의 신화를 반드시 부정적으로 볼 필요는 없을 것이다. 인간에게는 아름다움을 추구하려는 욕구와 권리가 있다. 또한 개성과 멋 내기는 개인의 소소한 즐거움이될 수 있다. 문제는 이것이 유독 여성에게, 더 집요하게, 더 희한한 방식으로 강요되어왔다는 점이다. 우선 미의 신화는 모든 여성을획일적인 미의 기준으로 환원시켜 판단하려 한다. 그래서 진짜 문제는 여성에게 선택권이 없다는 것이고, 이는 여성이 원치 않은 선택을 하게 만든다. 또한 강요된 신체 기준에 따라 여성의 가치를매기고, 이는 여성을 수직으로 줄 세운다는 점에서, 미의 신화는아름다움을 추구하는 인간의 본성을 통제하는 미시 권력의 표현이다.[15] 아름다워야 출세할 수 있다고 믿거나 때로는 그것이 현실로나타날 때, 우리에게 드리운 미시 권력의 그림자가 발견된다.

나아가 미의 신화는 여성에게 개인화되어 전달되고, 처벌도 은밀하게 이루어진다. 여성은 자기혐오, 신체에 대한 집착, 노화에대한 공포, 몸에 대한 통제력을 상실할지도 모른다는 두려움에 시달린다. 미의 신화가 지니는 구조적 본질을 간과한 채 자기감시와

자기균열을 수용하는 것이다.[16]

　미의 신화는 왜 작동하는가? 그 본질은 무엇인가? 전통 사회에서도 미의 신화는 있었지만, 현대에 들어와 좀 더 체계화된 역사적 과정을 추적해보면 그 사회적 기능을 알아챌 수 있다. 역사를 거슬러 올라가면, 현대적인 미의 신화가 발명된 때는 1830년대일 것이다. 산업혁명과 함께 공장제가 등장한 이후 직장과 가정이 분리되어, 함께 노동하던 중산층 아내와 딸들이 가정에 주로 머무르게 되면서 따뜻한 가정에 대한 숭배 이데올로기가 확산되었다. 이제 중산층 여성에게 외모 꾸미기는 중요한 과제 중 하나가 되었다. 백옥 같은 피부와 잘록한 허리 등으로 표현되는 미의 기준은 새로 등장하는 미용 산업이나 광고 산업의 이해관계와도 맞아떨어졌다. 산업혁명 이후 서양의 중산층 여성들은 물질적 제약만큼이나 이상형과 고정관념의 규제를 받았다.[17]

　더욱 흥미로운 점은, 미의 신화가 여성의 새로운 자유를 훼방하는 기제가 되었다는 것이다. 여성에게 가해진 금기와 제약, 종교적 강제가 힘을 발휘하지 못하는 시점에 이르러 미의 신화가 강조되면서, 여성의 의식과 일상적 삶을 제한하기 시작했다. 특히 여성해방운동이 활발해지고 실제로 여성의 지위 향상과 의식혁명이 진행되었던 시기, 즉 페미니즘의 제2의 물결에 이어 여성운동이 활발해진 1980년대에 이르러 아름다움을 둘러싼 경쟁이 더 치열해졌다는 점은 아이러니하다. 여성해방운동을 통해 여성은 자신들에게 가해진 여러 법적·물질적 장애를 돌파했지만, 반대급부로 미의

신화는 더욱 강화되어 여성을 더 집요하게 짓누르게 되었다.[18]

한국에서도 지난 30여 년 사이에 여성해방운동이 가부장적 권력 구조에 균열을 내왔지만, 섭식장애와 미용성형외과도 빠르게 증가했다. 또한 대중매체가 전하는 미의 신화와 정보에 대해 비판적인 시각도 늘어나는 한편, 여성 청소년에게는 미용성형이나 다이어트가 여전히 삶의 모델이 되고 있다. 다시 말해, 여성해방운동 이후 여성의 사회적 노동 참여는 늘었지만, '커리어 우먼'으로 대변되는 여성의 성공적인 삶의 이면에는 '자유를 억압하는 보이지 않는 비밀스러운 삶', 즉 아름다움에 대한 강박과 노력도 더 커졌다.[19] 이제 여성은 가사 노동, 직업 노동, 외모 꾸미기의 삼중 부담에 시달리게 되었다. 외모 꾸미기에 투여하는 노력은 여성에게 더 극심한 과로 노동을 불러왔다.[20]

미의 신화는 역설적으로 외모나 몸 이외의 다른 경쟁력을 저하시키는 데 기여한다. 예를 들어 아름다움을 향한 과도한 투자는 정치적 이슈나 사회 문제 등에 대해 여성이 상대적으로 덜 민감해하도록 만들 수 있다. 결과적으로 미의 신화는 여성의 진보를 가로막는 정치적 무기로 사용된다.[21]

더불어 몸의 과잉 담론화는 소비자본주의 사회의 대중매체와 의료 산업 등을 통해 적극 조장되고 있으며, 여성은 투자와 자기관리 차원에서 몸만들기 열풍에 휩쓸린다. 다시 말해, 신자유주의 시대에 몸은 개인이 노력·통제·관리해야 하는 자본이 된 것이다. 기업가처럼 진취적으로 열심히 노력하면 아름다워질 수 있다는 신화는 결국 여성을 해친다. 이는 여성이 직장에서 일어나는 차별을 수용하고 실패를 자기 탓으로 돌리는 논리로 흐르기 쉽다.

또한 미의 신화는 직업의식에 투철한 이미지보다는 '장식적인 여성 이미지'를 부각시켜 여성을 '가치 없는 존재'로 인식되도록 만든다. 이는 여성의 저임금 구조에 상당히 의존하는 자본주의 경제를 은연중에 합리화하는 데 기여할 수 있다.[22] 또한 미의 신화는 소비 주체로서 여성의 중요한 역할을 왜곡하거나 보이지 않도록 만든다. 생태계 파괴, 빈곤, 질병의 위협 속에서 신음하는 글로벌 자본주의 체제하에서 소비의 기준·윤리·방식의 문제가 주요한 화두로 떠오르는데, 이 과정에서 소비 주체로서 여성이 해오거나 여성에게 기대되는 역할은 도외시되고, 외모 가꾸기에 열중하는 개념 없는 소비자로 비치기 일쑤이다.[23]

젊은 여성에게 미의 신화는 여성을 둘러싼 그 어떤 신비보다 교묘하다. 그래서 갇혀 있는 여성이 박차고 나올 출구가 없어 보인다. 저항하는 여성운동가는 '못생긴 페미니스트'라는 캐리커처로 희화화된다. 이제 여성은 무엇을 할 것인가? 미의 신화라는 무거운 굴레를 벗기 위해서는 현실을 바라보는 새로운 시각과 방법론이 필요하다. 우선 아름다움을 재해석하자. 기존의 상업화되고 획일적인 미의 기준이 적절한지 질문해야 한다. 더불어 아름다움의 기준은 다양해야 하고, 여성 스스로도 아름다움에 대한 의미를 새로 창안하려는 노력이 필요하다. 대안문화 운동을 향한 여러 실험과 실천을 통해 더 멋진 콘텐츠를 개발하고 현실에 대입해야 한다.

우리는 여성의 하위문화(subculture)에서 대안적인 아름다움의 이미지를 부단히 찾아가야 한다.

최근 들어 여성의 아름다움이나 외모와 관련해 다양성이 늘어났는데도, 여전히 소비자들은 원치 않거나 감당할 수 없는 획일적인 소비문화로 고통을 겪고 있다. 한창 미니스커트가 유행하던 시절, 이를 싫어하는 나는 방학 때 자료를 보러 자주 방문하던 독일에 가서야 내가 원하는 길이의 스커트를 사올 수 있었다. 유럽의 의류 백화점은 대체로 스탠더드형 의류를 공급하고, 한두 코너에만 유행하는 디자인을 비치하는 데 비해, 한국의 의류점은 스쳐가는 유행이 전 품목을 휩쓴다는 점에서 공급 자체가 '폭력적'이라는 느낌을 지울 수 없었다. 요즘은 나이 든 여성들의 소비력이 높아지면서 빅 사이즈 모델에 대한 관심도 높아졌는데, 다행히 이런 현상들은 미의 기준을 여성 스스로 만들어갈 여지를 늘려주었고, 이를 원하는 여성들도 많아졌다.

최근 몇 년 사이에 나타난 고무적인 움직임은 10대와 20대 여성들을 중심으로 2018년 무렵부터 시작된 탈코르셋 운동이다.[24] 온라인에서 공론화되기 시작해 대중화되면서 각광받는 페미니즘 어젠다로 떠올랐다. 체형 보정 속옷인 코르셋은 여성의 몸을 짓누르고 건강을 해치는 여성 억압의 상징이었다. 이제 "'코르셋' 표현은 주로 여성에게 요구되는 외모에 대한 압력을 지칭"한다.[25] 탈코르셋은 여성을 억압하는 사회적 규범을 벗어던지겠다는 의미이자, 외모지상주의에 도전한다. 사회가 여성에게만 강요하는 엄격한 외모의 잣대로부터 자유로워지자는 것이다. 여성들은 긴 머리를 짧게 자르고, 화장을 거부하며, 몸을 옥죄는 의복과 브래지어로부터 벗어나고자 한다. 또한 눈 건강을 해치는 렌즈, 미용을 위한 성형을 거부한다. 탈코르셋 운동은 주로 소셜네트워크서비스(SNS)를 중심으로 화장품 등을 부순 사진을 올리고, 서로 격려하며 페미니즘 담론장을 형성해가고 있다.

요즈음 10~20대 여성 사이에서 페미니즘에 관심을 두는 이들은 탈코르셋을 둘러싼 논의나 운동에 직간접적으로 참여한다.[26] 아직 다수의 여성이 탈코르셋 운동에 동참하는 것은 아닐 것이다. 외모 가꾸기 자체가 생존 전략이 된 한국 사회에서 다수가 이런 선택에 도달하려면 시간이 걸릴 것이다. 그럼에도 신세대가 시작한 이런 운동은 고무적이다. 1970년대 페미니즘 제2의 물결 와중에 미국에서 일어난 브래지어 벗기를 포함한 외모지상주의 탈피 행위들이 오늘날 서구에서 이끌어낸 결과를 살펴보면, 한국 사회에서도 탈코르셋은 속도의 문제일 뿐 후퇴할 운동은 아니라고 생각한다.[27] 특히 이 운동은 일상의 정치를 대중화했다는 점에서 그 전략이 탁월하다. 더 높이 살 점은 여성 대중에게 페미니즘의 문턱을 낮춘 것이다.[28] 그간 페미니즘은 보통 여성들에게 너무 어려웠다.

탈코르셋 운동의 큰 장점은 페미니즘의 인식론과 사회적 의미를 명확히 학습하게 된다는 것이다. 외모 꾸미기가 여성에게는 개인의 단순한 선택이 아니라 문화적 강제임을 깨닫게 해준다. 아울러 그간 외모 꾸미기에 투입된 불합리한 개인적 비용을 줄이고, 대안적인 소비로 갈 수 있는 가능성을 열어놓았다. '핑크택스(pink tax)'로 지칭되는, 남성용보다 더 비싼 여성용 상품의 부당성도 인식하게 된다. 또한 외모 꾸미기에 요구되는 과도한 시간 낭비도 줄일 수 있다. 단순히 화장을 하지 않는 것이 아니라, 줄인 돈과 시간으로 여행, 책, 건강한 음식, 배움 등에 더 신경 쓸 수 있게 된다. "편안한 속옷, 헐렁한 일상복, 단순화된 기초화장품"으로 일상의 압박에서 자유로움을 획득한다. 이런 분위기에서 '탈코쇼핑'이라는 단어가 등장하고, '탈코시장'이 형성되는 것도 반가운 일이다.[29]

그러나 탈코르셋 운동과 관련해서는 논쟁도 있다. 성형, 렌즈, 브래지어 등의 불편함에 대한 문제 제기는 공유할 수 있지만, 반드시 짧은 머리를 하거나 화장을 거부해야 한다는 주장은 획일성을 강요하는 것이라는 반론도 있다. 또는 아름다움의 거부가 아니라 아름다움의 다양성 추구가 필요하다는 주장도 있다. 탈코르셋 운동이 여성 집단의 특성이나 선택을 남성의 경우보다 열등하다고 판단하는 여성혐오를 내재한 것 아니냐는 반론도 나온다. 그렇더라도 탈코르셋 운동에 참여한 신세대 페미니스트들이 내뿜는 당당함은 고무적이다.[30]

미의 신화는 남성에게도 점점 더 강요되고 있으며, 외모는 능력과 경쟁력이 되었다. 미의 신화는 결코 여성만을 대상으로 하지 않는다. 가부장제와 권력이 만들어낸 욕망의 문화 때문이다. 프랑스의 왕 루이 14세가 15센티미터 굽이 있는 구두와 15센티미터 높이의 가발을 썼다는 사실을 상기해보라. 또 자본주의 시대 이전에 살

앉던 귀족 남성들의 화려하면서도 번거로운 장식과 옷차림을 떠올려보라. 효율성과 경쟁을 중시하는 자본주의 사회에 와서야 지금의 남성 신사복이 등장했다는 사실을 환기해보면, 미의 신화는 결코 여성만을 향한 게 아니다. 이제 미의 신화를 깨뜨리는 일은 외모 꾸미기 압박을 서서히 느끼는 남성에게도 이득이 되므로 페미니스트는 남성과의 긴밀한 협업도 모색해야 한다.[31]

미의 신화에 대한 논쟁을 더 정치적으로 만들고, 미의 신화를 깨뜨리기 위한 새로운 동맹 세력을 구축해야 한다. 우선 여성 노조 결성을 적극 추동해야 하고, 성희롱과 나이 차별, 성형수술 강요 같은 왜곡된 노동조건을 노사협상의 의제로 배치해야 한다. 또한 차별이 심한 미디어 분야에 종사하는 여성들의 소송 물결을 조직화하고, 평등한 복장 규정을 주장해야 한다. 미의 신화에 반대하는 여성과 남성의 적극적인 행동만이 우리를 가두고 있는 '미의 신화'를 깰 수 있을 것이다.

08

천장에 부딪히거나 집에 고립되거나
: 저임금과 불안정은 왜 여성의 몫인가

1970년대부터 1980년대 전반기까지는 여성 노동자의 열악한 노동조건의 개선을 요구하고 인권 침해에 맞서 투쟁한 시대였다면, 1980년대 후반기부터는 노동시장 참여를 통한 여성의 경제적 세력화가 여성운동을 관통하는 목표가 되었다. 1987년에 남녀고용평등법이 제정되었고, 이를 통해 채용·교육·배치·승진·퇴직·해고 등에서 성차별을 금지하는 법적 근거가 마련되었으나, 이 법에는 여성계가 강력하게 요구한 간접 차별과 성희롱 금지 관련 내용이 들어 있지 않았다.

결국 1999년 3차 개정을 통해서야 비로소 직장 내 성희롱 금지와 예방(교육), 피해자에 대한 고용상의 불이익 조치를 금지하는 내용이 포함되었다. 여기서 직장 내 성희롱이 개인 간 사적 관계의 문제가 아니라 직장 내 위계구조에서 발생하는 고용상의 불이익과 차별이라는 점을 명확히 밝히고, 이를 법으로 금지한 것은 여성의 노동권에 대한 논의를 한 단계 진전시켰다는 점에서 의미가 있다. 그러나 2018년 이래로 한층 격렬해진 미투운동에서 가장 심각한 성차별 현상으로 직장 내 성희롱이 제기되었다는 사실은 20여 년 전 제정된 법과 현실 개선 사이에 큰 괴리가 있음을 보여준다.

한국은 1997년 외환위기 때 IMF 구제금융을 받고, 2000년대에 들어 글로벌 금융위기를 거치면서 신자유주의적 경제 질서로의 편입이 빠른 속도로 진행되었다. 특히 외환위기가 초래한 고용 감축 속에서 여성은 우선적으로 해고할 수 있는 대상으로 간주되었다. 이에 한국여성단체연합은 이런 관행에 반대하는 투쟁을 전개했고, 1998년 노동법 개정안에 정리해고 때 성차별을 금지하는 조항이 삽입되었다.[1]

2001년 한국여성노동자협의회와 전국여성노동조합이 청소용역 노동자의 노동 실태를 조사한 바에 따르면, 전체 노동자의 40퍼센트 정도는 최저임금도 받지 못했다. 다른 노동조합이나 노동자 단체가 이 문제에 그다지 관심을 두지 않는 상황에서 여성 노동운동은 선도적으로 최저임금 인상 문제를 제기했다. 특히 2002년 말부터는 '최저임금연대'를 조직해 최저임금 위반 사업장 감시와 최저임금 인상 운동 등을 전개했다. 다수의 여성들이 가장 임금이 낮은 노동자 집단에 속하는 만큼 최저임금 인상은 성별 임금격차 해소에 상당히 기여할 수 있는 방안이었다.

2018년 7월, 정부는 시간당 최저임금을 전년보다 16.4퍼센트 인상된 7530원으로 결정했고, 2019년에는 10.9퍼센트 인상된 8350원으로 결정했다. 상대적으로 높은 폭의 인상은 "최저임금 인상이 고용 감소 효과를 가져온다"는 주장과 관련해 논쟁을 불러일으켰고, 소상공인과 중소기업의 부담을 가중시킨다는 비난도 일어났다. 이 논쟁은 아직까지 진행형이고, 고용에 대한 정확한 통계가 정리되어야 최종적인 결론을 내릴 수 있을 것이다. 그렇더라도 최저임금 미만 노동자의 다수를 이루는 여성 노동자의 현실을 고려했을 때 이러한 최저임금 정책은 여성에게 좀 더 우호적인 결과를 가져왔다고 여성 노조 활동가들은 평가하고 있다.[2]

1980년대 후반 이후 여성 노동자들이 주로 일하던 제조업이 급격히 쇠퇴하면서 여성 고용에 급격한 변화가 나타났고, 그 결과 임시직, 일용직, 특수고용, 시간제 근로, 파견근로 등의 고용 형태가 늘어났다. 이는 IMF 구제금융 이후 더 가속화되었다. 여성들의 고용 불안이 증가했고, 비정규직화 방지는 여성 노동자 운동의 주요 이슈가 되었다. 2000년대 이후 페미니스트들은 여성 노동자의 비정규직화 방지와 보호를 위한 법 제(개)정을 촉구하는 다양한 활동을 펼쳤고, 그 결과 2006년 11월 30일 비정규직보호법이 국회를 통과했다. 이 법은 기간제 노동자로 2년 이상 일하면 사주가 그를 정규직으로 전환하도록 규정하고 있어, 비정규직화에 제동을 걸었다고 할 수 있다.

그러나 실제로는 정규직 전환을 회피하기 위해 2년의 기간을 채우기 전에 서둘러 해고하는 사례들이 속출했고, 이를 저지하는 데는 한계가 있었다. 여성운동은 이런 문제점을 비판하면서 비정규직 여성 노동자 투쟁을 실질적으로 지원했다. 2006년에는 직접고용을 요구하며 파업 투쟁에 나선 KTX 여승무원을, 2007년에는 홈에버와 뉴코아에서 비정규직 계약 해지에 항의하는 여성 노동자를 지원했다. 특히 KTX 여승무원은 12년 만인 2018년 7월 21일에 복직과 정규직 전환이라는 목표를 달성했으니, 참으로 길고 힘든 투쟁의 시간을 불굴의 의지로 견뎌낸 것이다.

2008~2018년 남녀 비정규직 비율

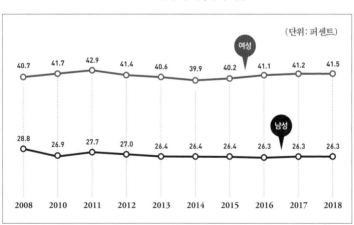

자료: 통계청.

비공식 부문에서 활동하는 많은 여성 노동자들은 사회보험, 즉 4대 보험의 혜택을 받지 못하고 있다. 여성운동은 특히 급격하게 증가하는 '아이돌보미'와 요양보호사 같은 돌봄 서비스 노동자나 가사 노동자가 4대 보험의 사각지대에 놓이지 않도록 여성 노동자들의 사회적 안전망을 확보하려는 끈질긴 노력도 병행했다. 이를 통해 2012년부터 10인 미만의 사업장에서 140만 원 미만을 받는 노동자에게 '고용보험'과 '국민연금'의 보험료 일부를 국가가 지원하는 정책을 만들어낼 수 있었다.

그 외에도 육아와 돌봄 노동으로 인해 직장을 그만두는 여성의 경력 단절 문제가 심각하게 대두되었고, 이는 지금까지도 쉽게 해결될 수 없는 질곡으로 남아 있다. 30대 경력 단절 여성의 애환을 다룬 소설 《82년생 김지영》이 출간되어 돌풍을 일으키면서 이 주제는 그즈음 새로 취임한 정부의 주요 과제로 떠올랐다. 2019년

많은 사람들의 공감을 불러일으킨 책
《82년생 김지영》표지와 동명 영화의 한 장면

11월에 개봉된 동명의 영화는 개봉 18일 만에 누적 관객 수 300만 명을 넘어섰다.[3) 이는 육아와 여성의 경력 단절 문제에 대한 일반 시민의 폭넓은 관심과 공감대를 보여준다. 이 소설은 여러 나라의 언어로 번역되어 절찬리에 읽히고 있으니, 여성들이 겪는 질곡은 전 세계적으로 유사한 모양이다.

이제 통계를 통해 현실을 들여다보자. 상층 노동시장에서 여성의 비율은 2004년 25.4퍼센트에서 2015년 31.6퍼센트로 늘어났다. 2015년 통계에서 50대 여성(386세대)의 상층 노동시장 생존율이 10퍼센트에도 못 미치는 것에 비하면 괄목할 만한 발전이다. 이는 젊은 남성들에게 여성이 일자리를 빼앗고 있다는 불안감을 불러일으키기도 했다.

그런데 2015년 조사에서 30퍼센트로 나온 1980년 세대 여성들의 노동시장 생존율은, 이들이 20대 후반이었던 앞서 2004년 조사에서는 상층 노동시장 진입률[4)]이 40퍼센트가량이었다. 이 수치는 이들의 생존율이 11년 사이에 10퍼센트가량 떨어졌고, 네 명 중 한 명이 출산과 양육을 위해 노동시장에서 자발적 혹은 강제적으로 밀려났음을 보여준다.[5) 이런 현실은 크게 바뀌지 않았다. 《82년생 김지영》은 상층 노동시장을 떠난 '수많은 넷 중 하나'를 절절히 묘사하고 있기에, 시민의 폭넓은 공감을 불러일으킨 것이다. 이렇듯 15~54세 기혼 여성 중 결혼, 임신, 출산, 돌봄 등의 이유로 노동권을 포기한 경력 단절 여성은 2018년에도 185만 명에 이르렀다.[6)]

1990년대 후반의 IMF 구제금융과 2000년대 말 글로벌 금융위기 이후 여성의 비정규직 노동과 비공식 노동이 증가하고 실업·빈곤이 가중되는 상황에서, 페미니스트들은 여성의 일자리 창출을 요구하는 활동을 적극적으로 전개했다. 페미니스트들은 스스로 고용 창출 활동에 뛰어들거나 대안적인 일자리를 만들어내려 했다. 그 외에도 저성장 시대의 기업들이 인원을 최대한 감축해서 이윤을 확대하려는 현실의 대안으로, 페미니스트들은 공공 사회 서비스 부문에서 고용을 창출할 수 있는 가능성을 모색했다. 공공복지 사업이나 사회 서비스 확대를 통해 여성 고용을 늘리는 전략을 선택했는데, 보육교사 확충과 아이돌보미 사업, 청소년 상담과 지도, 여성 대상 폭력에 대처하는 각종 센터나 시설, 다문화가족 지원 시설, 노인 복지 시설 등에서의 여성 인력 고용이 이에 해당된다. 페미니스트들의 요구대로 이러한 사회 서비스 기관은 지속적으로 늘어나서 여성을 위한 일자리 창출 효과를 발휘하고 있다. 그러나 여성에게 주로 집중되는 사회 서비스 분야의 일자리가 '불안정'과 '저임금'의 굴레를 벗어나지 못하는 탓에, 운동의 의제는 양질의 일자리 늘리기 사업으로 자연스럽게 옮겨갔다.

종합적으로 정리하면, 새 여성운동은 지난 30년간 여성의 노동권과 관련해 많은 성과를 거두었다. 이는 특히 법과 제도의 꾸준한 개선으로 나타났다. 첫째, 직장 내 성희롱을 금지하거나 예방하는 법적 기반을 마련함으로써 평등한 노동환경과 직장 문화를 조성하는 제도적 토대를 마련했다. 둘째, 출산을 전후해 90일간의 유급 휴가 급여가 고용보험에서 지급되는 정책이 실행됨으로써 유급 휴가 때문에 여성들이 손쉬운 해고 대상이 되거나 고용상 불이익을 받지 않도록 하는 환경이 조성된 점이다. 셋째, 비록 앞서 언급되었듯이 한계점이 있지만, 2년 이상 고용된 비정규직 노동자를 정규직으로 전환해야 하는 보호법이 마련되어 실제로 계약 기간을 정하지 않은 무기 근로계약을 늘리는 데 기여했다. 넷째, 고용보험과 국민연금의 일부를 정부가 지원하고, 일부 특수고용 노동자에게는 산재보험을 적용해 사회보험 사각지대를 해소할 수 있는 기반을 마련했다.[7]

그러나 30여 년간의 치열한 노력에도 불구하고 한계점도 적지 않다. 첫째, 법과 제도의 개선만으로는 여성들이 평등한 노동권을 확보할 수 없다는 점이다. 성별 임금격차나 성차별적 노동시장을 극복하려면 사회적 관행이나 사회문화의 변화가 절실하다.

둘째, 여성을 노동의 주체로 바라보는 패러다임의 변화가 필요하다. 가사 서비스를 포함한 돌봄 노동을 제공받으며 장시간 노동할 수 있는 남성 노동자만을 생계부양자이자 노동의 주체로 보는 한, 여성은 주변적이고 불안정한 노동을 할 수밖에 없다. 19세기 후반기 유럽에서는 여성의 취업이 직업 통계에 제대로 포함되지 않았다. 대부분의 임금노동자 가정은 아내의 취업이 있어야 생계 문제를 해결할 수 있었지만, 대부분의 남성은 아내의 취업을 수치로 받아들여 이를 은폐했기 때문이다. 이런 관행이 지금은 많이 사라졌지만, 여성의 취업은 공식 통계에 드러나지 않는 경우가 여전히 있다. 여성을 생계 비부양자로 받아들이는 인식은 성별 임금격차를 넓히는 데 기여한다. 여남 모두 개별 시민으로서 노동 주체가 되어야 하며, 양육이나 간병 등의 돌봄 노동도 모두가 부담하는 구조로 바뀌어야 한다.

셋째, 여성이 노동의 권리를 확보하려면 여성 노동의 주체성이 강화되어야 한다. 다시 말해, 여성의 현실과 요구 사항을 알리고 평등한 노동권리를 찾으려면 여성의 노조 가입률을 높일 필요가 있다. 2017년 상반기 기준으로 여성의 노조 가입률은 정규직 13.7퍼센트, 비정규직 1.9퍼센트에 불과하다. 여성의 조직률을 좀 더 높여가야 할 것이다.[8] 전체 조합원 중 여성은 22.5퍼센트였다.[9] 이는 취업 여성들이 자신의 현실을 고발하고 그 시정을 요구하는 데 좀 더 적극적으로 나서야 한다는 뜻이다. 물론 최근 촛불시위나 SNS를 통한 활동에서 드러나듯이, 조직화되지 않은 개별 여성 주체들도 많이 등장하고 있다. 이들의 목소리를 묶어내 여성의 요구를 알리는 것도 여성의 노동권을 높일 수 있는 새로운 전략이 될 수 있을 것이다.[10]

09

돌봄은 왜 계속 여성만의 굴레일까
: 페미니즘과 돌봄 노동

아이들이 불타고 있다. 방 안 가득 자욱한 연기 속에서 아이들은 비명을 지르고 있다. '살려달라'는 말도 할 기운이 없는 아이는 '살점이 타는' 고통 끝에 죽어갔다. 일하러 간 부모들은 밖에서 방문을 잠갔다. 자물쇠가 채워진 방을 빠져나올 수 없었던 아이들은 죽음의 순간을 그저 감내해야만 했다. 가난한 부모를 만난 달동네 아이들의 짧은 생은 이렇게 끝났다.[1]

이는 1990년에 일어난 '혜영·용철이 사건'을 묘사한 기사이다. 가난한 농촌을 떠나온 도시의 빈민층은 부부가 함께 나가 노동하지 않으면 생계를 꾸릴 수 없었지만, 아이를 대신 돌봐줄 사람도 없어 밖에서 문을 잠그고 일하러 나갈 수밖에 없었다. 어두운 지하방에 갇힌 아이들은 엄마가 챙겨주고 나간 빵을 먹으며 기다렸지만, 긴 노동시간에 묶인 엄마와 아빠는 돌아오지 않았다. 지루함을 견디다 못한 아이들은 전깃불이 꺼질 때를 대비해 놓아둔 양초에 불을 붙였고, 불이 번지면서 서너 살짜리 아이들은 질식사했다. 여성단체 주도하에 두 남매의 위령제를 지내면서, 페미니스트들은 자책감으로 통곡했다. 국가와 사회 모두가 최소한의 돌봄에 대한 책임을 방기한 슬픈 결과였기 때문이다.

1980년대 이래로 진보 여성단체들이 공단이나 빈민지역을 중심으로 지역탁아운동을 하면서 토론회나 공청회 혹은 집단시위를 통해 적극적인 탁아정책을 요구해왔으나, 큰 성과를 거두지 못했다. 혜영·용철이 사건은 큰 사회적 반향을 일으켜 1991년 영유아보육법을 탄생시켰다. 그러나 이 법은 불완전하기 짝이 없어서 이후 법을 보완하기 위한 여러 노력과 육아휴직 시행, 보육시설 설치 운동이 본격적으로 시작되었다. 이는 직장과 가정의 양립이 여성의 평등한 평생노동권 실현의 필수 전제 조건임을 인식하고, 이를 실천으로 전환하기 위한 노력이었다.

또한 1980년대 이후 기혼 여성 노동자는 꾸준히 증가했지만, 열악한 작업 환경 속에서 이들에 대한 모성 보호는 제대로 이루어지지 않았다. 페미니스트들은 사적 영역으로 간주되던 양육과 돌봄 노동을 공적 영역으로 끌어내 직장이나 사회가 이를 지원하는 방안을 모색했다. 예를 들어 한국여성노동자회나 한국여성단체연합은 1991년을 '평생평등노동권 확보의 해'로 정하고, 돌봄 문제를 중점 사업으로 채택해 추진했다. 이를 통해 여성들이 노동의 권리를 포기하지 않으면서 경제적 주체가 되는 전략을 세웠고, 이후 국가와 사회가 책임지는 '육아의 사회화'가 여성운동의 중요한 이슈로 자리 잡았다.[2]

마찬가지로 1990년대에 들어와 여성 노동운동은 '가정과 직장의 양립'을 위해 육아휴직과 보육시설 설치운동을 적극적으로 추진했고, 보육시설과 관련해서는 특히 직장 내 보육시설 설치를 요구했다. 1997년 경제위기의 충격과 함께 IMF 관리를 받는 구조재조정 속에서 여성의 고용 유지가 어려워지자, 페미니스트들은 "가정과 직장 양립" 슬로건과 함께 '여성과 남성 모두가 노동의 주체이자 가정의 주체'로 변화해야 한다고 주장했고, 이를 통해 노동시간 단축과 일자리 나누기 효과를 얻으려 했다. 그럼에도 실직 여성이 속출하는 현실을 막을 수 없었고, 이렇듯 급박한 상황은 여성운동이 여성의 고용 창출과 생계 보호 지원에 치중하도록 만들었다. 그래서 당시에는 '가정과 직장 양립' 의제가 적극적으로 추진되기 어려웠다.[3]

그래도 페미니스트들이 사회가 모성 보호를 부담하고 유급 육아휴직제가 도입될 수 있도록 법 개정 운동을 시작한 1996년 이래로, 이러한 방향으로 조금씩 개선이 이루어지면서 2005년 5월에 이르러 법 개정이 이루어진 것은 다행스러운 일이다. 이를 통해 산

전후휴가 90일을 전액 고용보험에서 지원하고, 유산과 사산의 경우에도 휴가를 낼 수 있게 되었다.

그러면 지금은 어떨까? 사회복지 정책이 확대되면서 아동 보육에 대한 사회적 관심이 높아졌다. 전국의 어린이집은 2018년 기준으로 3만 9259개에 이르는데, 2000년 이후 집중적으로 설치된 것이다. 특히 2013년 이후에는 국공립 어린이집과 직장 어린이집이 세워지면서 보육의 질과 안정성을 높였으며 접근도 좀 더 쉬워졌다.[4] 그러나 질적으로 좀 더 좋은 서비스를 제공하는 국공립 어린이집은 전체의 9.2퍼센트에 불과해, 어린이의 14.2퍼센트만이 그 혜택을 받고 있다.[5]

더욱이 일터에서 주당 52시간 노동 규정이 제대로 지켜지지 않는 한국의 현실에서 부모는 시간 연장형 보육을 필요로 하는데, 이를 제공하는 시설은 전체의 19.3퍼센트에 불과하다. 그나마 국공립 어린이집의 35퍼센트, 직장 어린이집의 24.5퍼센트 정도가 시간 연장형 보육을 제공한다. 이런 현실은 아이를 맡길 방도가 없는 여성을 경력 단절로 내몰고 있다. 2017년 통계청의 조사에 따르면, 15~54세 기혼 여성의 20.5퍼센트인 185만 명이 임신, 출산, 돌봄 등을 이유로 직장을 그만두는 것으로 나타났다.[6]

현실이 강요한 여성의 경력 단절이 각 여성들의 노동권을 부정할 뿐 아니라 국가 경제에도 부정적 영향을 끼친다는 점은 여러 조사를 통해 밝혀지고 있다. 출생률 하락으로 인구 감소가 심각한 수준인 현재 상황에서 유능한 여성 노동력 감소가 경제성장을 지체

시키는 요인으로 작용하기 때문이다. 이 문제를 해결하기 위해 아동의 방과 후 돌봄에 대한 제도적 장치 등을 포함해 효율적인 아이돌봄 정책을 페미니스트는 강력하게 요구하고 있다.

그러나 정부가 돌봄 서비스 제도를 다양하게 보완하더라도, 실제로 기업 문화가 바뀌지 않는다면 여성이 겪는 질곡은 해소될 수 없다. 구로구청의 직장 탁아소에서 만난 한 여성의 호소는 절실하게 가슴에 와 닿는다. 회사와 경영주는 가족 친화 기업을 적극적으로 지향하지만, 직속상관의 협력 없이는 현실화가 어렵다는 지적이었다. 정시 퇴근이 회사 방침이어도 부서장이 싫어하면 실제로 연장 근무가 불가피하다는 것이다.[7]

보육의 틈새를 메우기 위해 여성가족부도 '아이돌보미'를 가정으로 파견하는 제도를 만들어 2018년 6월 기준으로 4만 9573가구가 이를 이용하고 있지만, 양육을 둘러싼 돌봄 문제 해결에는 여전히 한계가 있다. 돌봄 문제는 여전히 여성들에게 현재진행형의 질곡이다.[8]

또한 마을 공동체가 육아 문제를 스스로 해결하기 위해 만든 '공동육아나눔터'는 2018년 전국에 205개소에 설치되어 연인원 95만 명이 이용하고 있다. 정부가 장소를 제공하고 실무자를 파견함으로써 실질적으로 지원해나가고 있지만, 공적 서비스가 좀 더 나아진 체계를 갖춘다 하더라도 돌봄은 시민의 공동체 의식을 기반으로 아래로부터 올라오는 민간의 참여가 그 효과성을 높여주어야 한다. "아이 하나를 키우기 위해서는 온 마을이 필요하다"는 슬로건처럼 국가와 민간의 협치를 통해 함께 책임을 떠안아야 한다. 공동육아나눔터는 이를 향한 실험이다.

마찬가지로 문제시되는 것은 초등학생을 위한 돌봄 체계이다. 경력 단절 여성의 다수가 자녀가 초등학교에 입학할 무렵에 직장을 그만둔다. 이러한 부담을 덜기 위해 공적인 초등 돌봄 체계가 마련되고 있는데, 서울시의 경우 '우리동네키움센터'를 통해 "학교를 마친 후 갈 곳이 없는 아이에게는 놀면서 쉴 수 있는 공간을, 맞벌이 부모에게는 안심하고 자녀를 맡길 수 있는 공간과 서비스를 제공"하는 사업을 시작했다. 2022년까지 400개소로 확충될 계획인 이 시설은 "아이를 낳고 기르는 문제를 더 이상 개인의 책임으로 돌리지 않고 공공 책임 보육 시대를 열어간다"는 서울시의 입장이 반영된 것으로, 페미니스트의 오랜 투쟁이 만들어낸 결과이기도 하다.[9] 그러나 이를 현실로 만드는 과정에서 여전히 페미니스트의 모니터링과 압력이 필요하다.

일과 가정의 양립 전략은 2000년대 초·중반부터 여성운동이 적극 추진한 가족 정책 활동과도 밀접히 연계되어 있다. 가족 구조와 관계가 다양해지고 복잡해진 현실을 반영해, 여성운동은 오랜 세월 한국 사회를 지배해온 규범적 잣대를 넘어 가족을 바라보는 관점의 전환을 모색했다. 그 일환으로 한국여성단체연합은 성 평등한 가족 정책 마련을 위해 지금의 '건강가정기본법'을 '가족지원법'으로 대체하기 위한 노력을 진행하고 있다. 더불어 돌봄 노동의 사회화와 가족 지원에 대한 국가 책임을 명시하고 요구할 뿐 아니라, 가족 친화적인 사회문화 조성을 위한 담론을 만들고 홍보 활동을 전개하고 있다. 특히 심각한 사회적 문제로 떠오른 저출산 문제와 관련해서도 일·가족 양립을 지원하는 방향으로 정책이 수립되도록 견인차 역할을 하고 있다.[10)]

최근에 이르러 '일과 생활 양립'의 중요성에 대한 사회적 인식이 높아지면서, 모성권 확보 못지않게 부성권 확보를 위한 페미니스트들의 노력도 확산되고 있다. 특히 페미니스트들은 남성의 돌봄 노동 참여를 다룰 때 남성의 '돌봄 권리'라는 관점에서 출발했다. 남성의 '돌봄 권리'라는 용어를 사용하게 되는 이유를 쉽게 설명할 만한 흥미로운 사례가 있다. 2017년 한 방송사의 파업이 오래 지속될 때, 기자였던 부부는 무급 상태인지라 돌봄 비용을 지불할 수 없어 아이를 번갈아 돌보았다고 한다. 몇 달 후, 놀랍게도 아빠와 아이의 관계가 훨씬 좋아졌고, 아빠의 생각과 관점이 눈에 띄게 달라진 것을 체험할 수 있었다는 것이다.

남성도 가족이나 자녀를 돌보고, 이를 통해 새로운 생활방식과 가치관을 누릴 권리가 있다. 그래서 자녀 양육과 가족 돌봄이 여성과 남성 모두의 역할이라는 사회적 합의가 중요하다. 여성운동은 경제위기 때마다 어김없이 발생하는 여성 우선해고 관행을 비판하는 동시에 육아휴직 급여의 현실화와 남성의 육아휴직 사용 의무화를 구체적인 과제로 제기하고 있다. 이를 실행하기 위해서는 돌봄 서비스가 사회화되어야 하고, 그러려면 돌봄 노동의 가치가 충분히 인정되어야 한다는 점도 강조한다.

정부는 육아휴직 제도를 활성화하면서 특히 남성의 육아휴직 신청을 독려하고 있지만, 2019년 상반기 육아휴직자 5만 3494명 중 남성은 1만 1080명(20.7퍼센트)에 불과했다. 10년 전에 비하면 남성 육아휴직자가 40배 넘게 급증했으니 빠른 변화가 이루어지고 있다고 평가할 수는 있겠으나, 남성 육아휴직자가 40퍼센트를 넘나드는 스칸디나비아 국가들에 비하면 아직 갈 길은 멀다.[11] 이 국가들의 경우, 정부 차원에서 남성 육아휴직을 적극적으로 독려하고 혜택을 제공했을 뿐 아니라, 직장 문화의 변화도 큰 역할을 했다는 점을 유념할 필요가 있다.

그 외에도 최근 심각하게 떠오르는 문제는 고령화이다. 고령화와 더불어 노인 빈곤은 심각한 사회 문제로 다가오고 있다. 2018년 한국의 노인 빈곤율은 45.7퍼센트로 OECD 국가 평균인 12.9퍼센트보다 훨씬 높아, 최상위를 기록했다. 특히 70세 이상 노인 단독가구의 빈곤율은 76.2퍼센트인데, 이 중 여성의 비율이 81.3퍼센트를 차지한다. 노인의 빈곤 문제는 신속히 대처가 필요하고, 특히 성별에 따른 섬세한 접근이 요구되는 상황이지만 정책적 대응은 지연되고 있다.[12]

우리의 관심이 필요한 또 다른 부분은 노인 돌봄과 요양보호사 문제이다. 한국여성단체연합은 2019년 총선 대응 과정에서 이 문제를 제기했다. 민간 위탁이라는 이유로 국가가 돌봄 노동자 전반의 처우 개선 책임을 회피하는 현실을 비판하며, 좀 더 세부적으로는 장기요양보험제도가 민간 기관 중심의 단시간 시급제로서 설계

된 점을 지적했다.

특히 2017년 3월부터 시행된 등급별 차등시간 적용(3~4등급 노인들의 방문서비스 시간이 4시간에서 3시간으로 축소됨)으로 요양보호사들의 노동강도는 높아진 반면 서비스의 질은 후퇴했다. 이에 한국여성단체연합과 산하 단체들은 여성이 다수를 차지하는 돌봄 노동자의 처우 개선, 돌봄과 관련한 사회 서비스 공급 체계의 공공성 강화, 민간 기관에 대한 관리·감독 강화, 요양보호사의 월급제 고용보장, 산재 인정, 성희롱 예방 대책 등을 요구했다.[13] 그러나 아직 정부의 정책적 대응이나 이들을 추동할 여성단체들의 대응 활동은 저조하다.

10

여성에게 국가란 무엇인가

: 페미니즘과 국가, 가까울 수도 멀 수도 없는

"노동자에게는 조국이 없다"는 마르크스의 발언과 나란히, 버지니아 울프(Virginia Woolf)는 "여성으로서 나는 조국이 없다. 여성으로서 나는 어떤 조국도 원치 않는다. 여성으로서 나의 조국은 전 세계다"라고 외쳤다. 이렇듯 페미니스트 중에도 국민국가를 거부하는 태도를 보이는 이가 적지 않다. 그들에게 국민국가와 이를 뒷받침하는 민족주의는 여성을 차별하는 기제로 비쳤다.

근대 국민국가의 형성과 발전 과정에서 여성에게는 남성과 동일한 시민권이 주어지지 않았다. 자유·평등·박애를 내세운 프랑스혁명의 성공으로 등장한 의회민주주의에서 여성이 동일한 시민으로 대우받는 징표인 선거권을 얻는 데 무려 150여 년 이상이 걸리지 않았던가? 이는 페미니스트들의 필사적인, 오랜 투쟁 끝에 가능했다. 근대사회에서 여성은 공적 영역에서 배제되었고, '가정을 지키는 천사'라는 별칭을 부여받으니 가정에 머물러야 했다. 여성에게 재산권, 고등교육의 기회, 직업을 가질 권리가 주어지는 데도 오랜 세월이 걸렸다. 그런 점에서 근대 민주주의 국가에서 여성은 동등한 권리를 누리지 못했다.[1]

물론 현재의 상황은 많이 다르다. 앞서 언급한 대부분의 권리를 이제 여성도 누리게 되었다. 그런데 여성은 왜 차별받는다고 느끼는가? 지금의 국가체제 아래에서도 여성은 노동 착취와 성차별을 당하고 있기 때문이다. 여성은 여전히 성폭력 피해자가 될 수 있다는 불안 속에 살아야 하고, 한국에서 여성은 남성 임금의 67퍼센트에 불과한 낮은 보수를 받고 있다. 또한 여성은 불안정한 고용 상태와 더불어 늘 해고의 위험에 떨어야 한다.

근대국가는 사회의 도덕성 확보를 사회 구성의 중요한 요소로 여기면서, 여성에 대한 성적 규제를 강화해왔다. 사회적으로 통용

**2018년 6월 9일
'불편한 용기'의 광화문 시위**
자료: 불편한 용기 촬영팀.

되는 성도덕은 미혼모에 대한 사회적 차별과 부족한 모성 복지로 이어졌다. 낙태 불법화와 관련해서도 이런 성적 규제는 명확히 드러났다. 다른 한편으로는 국가가 핵가족을 강화하면서, 가부장제 아래 여성이 해왔던 희생의 미덕을 강요해왔다. 과거 여성 노동자들은 산업역군의 긍지와 함께 국가를 위한 저임금 장시간 노동을 강요받았는데, 오늘날 여성 노동자들 또한 장시간의 직장 생활이 끝나면 가족의 돌봄까지 책임져야 한다는 점에서 팍팍한 삶은 별로 달라진 것이 없다. 이렇게 여성의 삶이 고단하다면, 우리는 국가의 역할에 의문을 품고 그 책임을 국가에게 물어야 한다. 도대체 여성에게 국가란 무엇인가?

교육정책, 여성 노동자 보호법, 여성에 대한 폭력 예방 정책을 통해 여성은 국가의 직접적인 영향력 아래에 있다. 특히 복지가 국가의 주요 정책으로 대두되면서, 여성은 공공 영역의 피고용자, 또는 사회복지의 수혜자로 국가와 직접적 관계를 맺게 되었다. 그에 따라 페미니스트 이론가들은 여성과 국가의 관계에 큰 관심을 두면서 다양한 이론을 내놓고 있다. 우선 가장 큰 질문은 국가를 여성해방의 자원으로 볼 것인지, 아니면 억압자로 볼 것인지이다. 구체적으로는 국가가 본질적으로 자본과 가부장제의 이해관계를 반영하는 실체인지 여부를 둘러싼 논쟁으로 이어졌다.

여성과 국가의 관계에 대한 페미니스트들의 입장은 다양하다. 먼저 자유주의 페미니스트는 국가를 가치중립적인 공정한 중재자로 보고, 여남 간의 불평등을 국가를 통해 해결하려 했다. 이들은 정책 수립자와 마찰을 일으키기보다는 점진적이고 온건한 이슈를 제안하며, 로비를 통해 이를 정책으로 실행할 수 있다고 본다. 이들의 동등한 권리 요구는 참정권 획득, 교육 기회 확대, 가족법 개정 등에서 많은 성과를 거두었다.

그러나 이런 운동 방식은 엘리트주의의 오류를 범했다고 평가되기도 한다. 능력 있는 여성을 정계로 진출시키거나 정책 결정권자를 설득해 문제를 해결하려 했지만, 이는 정책 결정권자의 호의나 정치적 신조에 의존할 수밖에 없었고, 정계로 진출한 여성들은 결과적으로 보수적인 여성정책으로 기울어지기 쉬웠다.[2] 자유주의 페미니스트들은 국가의 정책에 사회의 지배구조가 반영된다는 점을 간과한 채, 국가가 다양한 집단의 이해관계를 동일하게 반영하는 공정한 중재자라고 본 것이다.

이에 비해 급진적 페미니스트들은 국가에게 그다지 큰 관심을 두지 않았다. "개인적인 것이 정치적인 것이다"라는 슬로건에서 알 수 있듯이, 그들은 사적인 것으로 간주되는 섹슈얼리티, 가사노동, 모성성, 낙태와 같은 문제에 더 관심을 쏟았다. 그래서 사적 영역의 투쟁을 더 강조했고, 이는 그들이 정치 참여에 소홀하도록 만들었다. 그러나 급진적 페미니스트 중에는 낙태나 강간에 대한 법률, 포르노 규제 등을 다루는 국가를 상대로 투쟁하면서[3] 국가가 불평등한 젠더 관계를 유지시키는 데 핵심 기제라는 점을 포착하고 비판하기도 했다. 하지만 국가를 통한 남성 지배의 보편성을 지적할 뿐, 그 원인이나 작동 방식에 대한 좀 더 정교한 분석으로까지 나아가지 못했다.

마르크스주의 페미니스트들의 경우, 국가가 본질적으로 경제적 지배계급의 이익을 대변한다고 보았다. 국가는 자본주의적이며, 자본가의 이익을 대변함으로써 여성을 억압하는 존재라는 것이다. 마르크스주의 페미니스트들은 자본의 이해관계가 가부장제의 이해관계를 우선시한다고 보고, 국가는 이런 역할의 일환으로 가족체계를 유지한다고 보았다. 자본주의 체제 아래에서 노동자의 재생산, 즉 노동할 수 있는 건강한 다음 세대를 길러내는 일은 매우 중요한 과제이며, 따라서 이에 부응하는 가족제도를 유지할 필요가 있었다.

그러나 지금 우리 사회는 저출산으로 심각한 고민을 안고 있으며, 이는 미래의 노동력 공급에 어두운 그림자를 드리우고 있다. 게다가 가족 형태의 다양성(가족 내 장애인, 가족 내 연령분포, 자녀 수)을 제대로 고려하지 않은 일률적인 급여체계로는 가족의 생존이 불가능하다. 자본주의 체제는 가족을 필요로 하지만, 그 필요를 제대로 포용하지 못하는 자본주의 경제의 불완전성이 드러남에 따라 국가의 개입이 중요해진다. 이에 국가는 결혼제도나 인구정책을 통해 가족제도를 유지하고 노동력의 재생산을 가능하도록 만든다.

마르크스주의 페미니스트들은 다음 세대 노동자를 재생산하는 데 부족한 임금을 국가가 사회보장 정책을 통해 메운다고 보았다. 특히 윌슨(E. Wilson)은 앞의 과정에서 국가의 이데올로기 기능에 주목한다. 가족이 자본주의 체제를 유지하는 데 유용하므로 국가는 가족을 유지한다. 주부의 무보수 가사 노동의 경우, 노동력 재생산 비용을 낮추어 고용주의 임금 부담을 줄여준다. 예를 들면 독신 남성이 써야 하는 세탁이나 조리와 같은 가사 서비스의 비용을 기혼 남성은 부담할 필요가 없다. 아내나 여성 가족 구성원이 가사 노동을 해주기 때문이다. 게다가 마르크스주의 페미니스트가 보기에 가족의 더 중요한 기능은 따로 있다. 바로 노동자의 정서적 만족감을 높여주고, 노동윤리의 진작을 통해 자본에 대한 저항을 약화시키는 것이다.[4]

사회주의 페미니스트들은 국가의 역할을 설명하는 데 가부장제 이론과 마르크스주의의 사적 유물론을 결합했다. 그래서 이들을 이중체계론자로 부르기도 한다. 이들은 여성의 억압을 가부장제 이론만으로, 혹은 사적 유물론만으로 설명할 수 없다고 본다. 이들은 자본주의적 가부장제 국가 개념을 중심으로 국가의 본질을 설명한다. 즉, 국가는 자본주의적 계급 구조, 가족을 통해 관철되는 성별 위계질서, 이들로부터 상대적 독립성을 지닌 정부 기구라는 세 부분으로 구성된다. 국가는 앞의 두 체계로부터 일정하게 자율성을 갖고, 전체로서 자본주의적 가부장제 체계를 지키기 위해 이들 간의 관계를 조정한다는 것이다.[5]

독점자본주의가 발전하는 현대사회에 들어와 자본은 가사 노동을 대체할 세탁기, 청소기, 냉장고 등과 같은 소비재를 대량 생산하며 새로운 시장을 개척한다. 가사 노동의 상품화가 진전되면서 가사 노동이 줄어들고 그 가치가 감소했다. 또한 생산과정의 자동화가 진행되면서 자유롭고 값싼 노동을 필요로 하는 자본주의는 가사에 종속되지 않는 숙련되고 안정된 여성 노동력을 필요로 한다. 이는 가족에 의지하던 아동 돌봄이나 교육이 어린이집과 학교 등 공적 기관으로 넘어가도록 만들고, 이를 위한 복지국가의 기능을 강화한다. 그 결과 가족 내 개별 가장의 권위나 권력은 약화되었으나, 국가를 통해 남성 전체의 여성 지배가 유지되기 때문에 사실상 공적 가부장제(혹은 사회적 가부장제)의 등장이라고 할 수 있다.

여기서 가족 구성원을 지배하고 그 노동력을 통제하려는 가장의 요구와 자본가의 이해관계가 충돌하기도 한다. 예를 들면 남편은 아내의 경제활동에 반대하고, 돌봄과 가사만을 전담할 것을 요구하기도 한다. 역으로, 이익을 극대화하기 위해 노동력을 착취하고 이윤율을 최대로 높이려는 자본가의 이해관계가 가정 파괴나 출산 기피와 같은 노동력 재생산의 위기를 가져오기도 한다. 여기에서 사회주의 페미니스트는 국가가 상대적 자율성을 가지고 이런 상충관계를 조정한다고 보았다. 이는 가족을 필요로 하지만 유지시키지 못하는 자본주의 경제의 불안전성 속에서 국가의 역할이 강화되는 것이다.[6]

앞서 언급한 마르크스주의 페미니스트들은 국가에 대해 주로 여성을 억압하고 자본의 이익에 봉사하는 존재로 규정했고, 그래서 도구주의적 국가론에 매몰되었다고 비난받기도 했다. 마르크스주의 페미니스트와 달리 사회주의 페미니스트들은 노동계급의 저항과 여성의 정치적 투쟁에 주목한다. 즉, 유사한 경제적 여건에 처한 국가에서도 저항과 투쟁이 활발해지면, 계급관계 혹은 젠더

역학관계 속에서 다른 정치적 결정을 내릴 수 있다는 것이다. 이는 미국과 덴마크가 선진자본주의 국가라는 점에서 유사하지만, 여성정책의 내용이 서로 다르고, 국가와 여성의 관계가 현저히 차별성을 보이는 현실에서 잘 드러난다.[7]

이렇듯 국가가 상대적 자율성을 발휘하며 여성의 현실이 개선되는 데 적지 않은 역할을 하는 점은 긍정적이지만, 더 높아진 평등의 요구를 거스를 수 없게 된 자본은 이제 과거에 써온 여성 배제 전략 대신 분리 전략을 선택한다. 바로 여성의 노동 참여를 허용하되, 급여가 높고 사회적 상승이 가능한 특정 노동시장에서는 배제하는 방식이다.[8] 2018년 3월, 일부 은행이 채용 시 여성 비율을 정하고, 이에 따라 채용 시험 성적을 조작한 사실이 보도되자 여성계는 분노했다. 여전히 작동되는 이런 분리 전략 때문에 국가가 어느 정도 자본에 맞설 의지가 있는지 혹은 맞설 수 있는지, 그리고 이를 위해 여성들이 얼마나 효과적으로 정치적 압박을 행사해야 하는지가 여전히 중요한 과제로 남아 있다. 젠더 관계나 계급관계는 고정적이기보다는 끊임없이 움직이는 유동적인 관계이기 때문일 것이다. 특히 국가는 좀 더 좋은 이미지를 형성해 헤게모니를 확대하려는 여러 이익집단들이 세력 다툼을 벌이는 장이기에, 주체들의 행위와 그 결과에 따라 정책이 결정된다. 그래서 여성 주체들이 벌이는 담론 투쟁도 중요해졌다.[9]

그 좋은 본보기가 2018년 한국 사회를 뜨겁게 달군 미투운동이다. 이런 운동의 정점인 '불편한 용기'의 대중 집회는 30만 명 이상의 여성이 거리 시위에 나선 역사상 유례가 없는 사건이자, 여성을 향한 폭력에 저항하는 정치 투쟁이 큰 성과를 거둔 쾌거였다. 수많은 여성 대중이 거리로 나서는 조직력이 없었다면 성희롱과 성폭력, 디지털 성폭력에 대한 정부의 긴급한 대응과 국회의 법제 개선은 불가능했을 것이다. 또한 이 과정에서 치열한 담론 투쟁이 이루어졌고, 이를 통해 여성이 행사한 헤게모니는 성폭력에 대한 국가의 대응에 큰 영향을 끼쳤다. 이렇듯 국가와 여성은 유동적이면서도 역동적인 상호관계를 지닌 만큼 앞으로도 여성들의 치열한 담론 싸움과 실천운동이 필요하다.

여성과 국가의 관계와 관련해 주목할 또 다른 측면은 민족주의와 여성의 관계이다. 한국은 유난히도 민족주의 정서가 강한 나라이다. 삼면이 바다로 둘러싸이고, 특히 지난 70여 년 동안 분단 상태에서 남북의 왕래가 금지되면서, 한국인들은 사실상 섬에서 살아왔다. 5000년간 한국인은 단일민족으로 살아온 특유의 역사적 경험을 공유하고 있다. 약소국으로서 늘 강대국의 위협에 시달렸고, 36년간 일본의 식민 통치를 경험했다. 게다가 한국전쟁과 분단이 안겨준 고난에 찬 슬픈 기억들은 생존을 위한 공고한 민족적 단결이나 강한 민족 정체성의 필요성을 각인시켰다. 그렇기에 분단 현실의 극복과 통일을 위한 민족주의적 단합이 강조되었다. 남북 간의 만남에서 북한이 특별히 강조하는 민족주의적 언술이 이를 잘 입증한다.

또한 독립운동부터 1945년 해방 이후 오늘의 민주국가 수립에 이르기까지 중요한 역할을 한 시민운동이나 사회운동에도 민족주의 정서가 강하게 드리워 있다. 그래서 우리 사회운동이 표방하는 여러 언술들은 항시 그 결론 부분에서 민족민주운동에 대한 강조로 이어졌다. 우리 사회운동이 '민족'이라는 용어를 떼어낸 것은 불과 십수 년밖에 되지 않는다.

페미니스트들은 한국의 강한 민족주의 정서가 가부장제를 강화하는 기능을 한다고 보았다. 아울러 그간 경험한 성차별적 현실에 견주어 국가가 여성 인권의 보호자라는 사실에 의문을 품고 있다. 국제적인 논쟁과 더불어 한국의 여성학계에서도 페미니즘과 민족주의의 결별을 요구하는 목소리가 나오고 있다. 일본의 인기 있는 페미니스트 사회학자 우에노 지즈코는 《내셔널리즘과 젠더》에서 '위안부' 문제를 둘러싼 이중의 범죄를 지적한다. 하나는 전시강간 그 자체의 잔혹한 역사이고, 다른 하나는 이후 50년 동안 이 고통을 망각한 역사, 즉 피해자들에게 침묵을 강요한 역사이다.

'민족의 치부를 드러내지 말라'는 가부장제 사회의 압력에도 불구하고, 이 문제를 국내뿐 아니라 국제사회의 뜨거운 이슈로 떠오르게 한 것에 대해 우에노 지즈코는 한국 여성운동의 공헌을 치하하면서도, '성차별'과 '민족 차별' 사이에 서 있는 '위안부' 문제를 민족주의 언설로 포괄하려 한다고 비판했다. 좀 더 구체적으로, 한국의 여성운동은 강제 동원이냐 자발적 매춘이냐를 구별하고, 한국 '위안부'와 일본 '위안부'를 분리해 순결한 여성과 창부로 나누고, 자민족 피해자와 타민족 피해자를 구분한다는 것이다.[10] 한국의

일부 페미니스트도 한국의 시민사회운동이 지닌 강한 민족주의 성향을 비판하면서 그의 주장에 동조했다.[11]

그러나 한국정신대문제대책협의회를 비롯한 여러 페미니스트들은 우에노 지즈코가 제기하는 비판에 대한 반론으로, 서구나 일본 페미니스트들이 '위안부' 문제에서 제국주의와 성 착취의 긴밀한 결합을 도외시하고 있음을 지적한다. 일본 여성을 보호하기 위해 동남아 전역에서 식민지 여성이 동원되었던 현실을 직시하지 않는 한 문제의 진정한 해결은 가능하지 않다는 것이다.[12] 이런 입장은 페미니즘이 민족주의에 접근할 때 제국주의와 식민주의에 연루되는 복잡성을 보여준다. 그러나 한국 페미니스트들도 이 문제를 다룰 때 민족문제를 앞세워 성적 억압 문제에 소홀할 수 있는 위험을 경계할 필요가 있다.

민족주의는 역사적이고 실천적인 개념인 만큼 강력한 대중 동원력이 있으며, 제국주의적 침략의 방파제 역할을 한다. 36년간의 일제 식민지 기간에 치열한 저항운동을 전개했던 것은 지식인부터 억눌린 민중에 이르기까지 공동의 민족주의 정서가 있었기 때문에 가능했다. 식민지 시대뿐 아니라 오늘날에도 지구화(globalization)와 함께 밀려오는 글로벌 자본의 공격에 대한 민족국가 단위의 저항이 중요해졌다. 지구화된 자본은 국민국가를 무력화하면서 좀 더 높은 이윤을 찾아 전 세계를 넘나들고 있기 때문이다. 페미니즘 운동도 국민국가의 테두리를 넘어 전 지구적(global) 운동을 전개해야 한다. 특히 여성이 가장 심각하게 직면한 비정규직화나 소득 양극화 등의 문제는 신자유주의적 지구화와 결코 분리될 수 없는 문제들이다.

그러나 전 지구적인 자본의 횡포에 저항하는 일은 국민국가의 테두리 내에서 이루어질 수밖에 없고, 따라서 페미니즘은 국민국가 문제에 개입할 수밖에 없다. 여성 대중의 삶이 국민국가의 운명에 연루되는 한, 민족문제로부터 도피하기 어렵다. 독일 통일에서 여성이 겪은 '잃은 자' 경험은 민족문제에 대한 여성 개입의 당위성을 우리에게 잘 보여준다. 최근 우리 사회에서 병역 의무에 대한 남성의 불만이 높아지고 '여성도 군대 가야 한다'는 목소리가 커지는 상황은, 다시 페미니스트들에게 국가나 민족문제에 어떻게 대응해야 할지에 대한 사회적 토론을 요구하고 있다.

민족주의 또는 국가주의는 그 자체로 많은 위험 요소를 내포한 이념이다. 민족주의는 반민주주의적 요소를 포괄하고 있다. 민족을 절대불변의 실체로 보는 시각은 문제가 있으며, 이는 민주주의와 평화를 위태롭게 할 수 있다. 또한 분단시대에 우파 민족주의는 남한 사람만을 그 민족의 구성원으로 간주하는 것 같다. 그래서 북한 사람에 대한 배려를 배제하는 태도를 보여왔다. 북한 인권 문제에 대한 우파 세력의 언급은 고도로 정치화된 전략을 넘어서지 못한다는 평가를 받는데, 그들이 주장하는 대응책이 북한에 살고 있는 사람들의 인권 향상에 실질적인 도움을 주지 못하고 있기 때문이다.

그래서 민족주의는 건강하면서도 병적이다. 약사가 독을 다루

132

듯이 접근해야 한다. 독은 질병을 다스릴 수도 있지만, 잘못 사용하면 그 자체로 인간을 해칠 수도 있다. 이런 점에서 여성은 국민국가나 민족주의 기획에 참여할 수밖에 없지만, 기존의 개입과는 다른 방식으로 접근해야 한다. 페미니스트들이 참여하는 민족주의 기획은 민주주의, 평화, 인권, 생태주의가 교호할 수 있는 모습이 되어야 한다.[13]

이런 주장에 대해 페미니스트들 사이에 견해차가 있을 것이다. 그러나 인지해야 할 사실은, 민족주의에 대한 페미니즘의 거부가 국민국가 내에서 여성을 영속적으로 소외시킬 수 있다는 점이다. 특히 민족주의를 거부하는 소수의 페미니즘 이론가들과 달리 다수를 이루는 여성 대중은 직간접적으로 민족주의 담론의 영향력 아래 있기 때문에 더욱 그러하다. 또한 현실에서는 국민국가가 완결된 고정불변의 실체이기보다는 계속 '형성 중(making)'에 있다. 그래서 여성의 전략적인 참여가 필요하다.

이는 최근 전 지구적 시민사회가 함께 표방하는 "지구적으로 사고하고, 지역적으로 실천하라(Think globally, act locally)"는 슬로건과도 배치되지 않는다. 2008년의 광우병 촛불시위나 2016년부터 진행된 대통령 탄핵 촛불시위에서 청년 세대들은 "대한민국은 민주공화국이다"를 말하기 시작했다. 이는 청년 세대들이 새로이 만들어가는 국민국가의 콘텐츠 구성에 참여하는 것이다. 이야말로 국민국가의 새로운 형성이 아니겠는가? 이 과정은 당연히 젠더 관점과도 결합해가야 할 것이다.

11

정치판으로 간 페미니스트
: 누구와 어떻게 연대할 것인가

오랫동안 여성은 정치 공간에서 배제되어왔고, 그래서 여성의 목소리는 정치에서 삭제되었다. 페미니스트들이 제기한 정책적 요구 사항은 몰성적인(sex-blind) 남성 정치가들에 의해 폄하되거나 거부된 경우가 적지 않았다. 결국 페미니스트는 스스로 정치화하지 않고서는, 다시 말해 여성 스스로 정치적 의사 결정 과정에 참여하지 않는 한, 자신들이 바라는 성 평등 정치가 달성되기 어렵다는 점을 깊이 깨닫게 되었다. 이에 여성운동은 적극적으로 여성의 정치 세력화를 위한 여러 전략을 발굴하고, 이를 통해 실질적으로 좀 더 많은 여성들이 정치 진입을 시도했다.

세간에는 페미니스트들의 정계 진출을 곱지 않게 보는 시각이 있다. 우선, 그들이 자신의 출세를 위해 결국 여성운동을 이용하는 게 아니냐는 의심의 눈초리가 있다. 그뿐만 아니라 정계로 진출한 여성들이 실제로 자신의 야망이나 소속 정당의 이해관계에 얽매여, 억압받는 여성이나 소수자의 이익을 배신하는 사례들에 대해 개탄하는 경우가 적지 않았다. 그러나 여성운동계가 아주 의도적으로 여성의 정치 진출을 도모하는 과정 속에서 배출한 여성 정치인도 있다. 이런 경우 여성은 개인이기보다는 어떤 집단의지를 대변하게 되므로 여성의 정치적 영향력 확대에 더 효과적이다.

페미니스트들이 정치 참여의 필요성을 절실하게 받아들이기 시작한 것은, 1987년 군부독재 종식과 민주화 조치가 이루어지고 시민사회운동의 합법적인 활동 공간이 확대된 이후다. 이제 페미니스트들에게 여성의 정치 참여 확대와 대표성 제고는 중요 과제로 등장했다. 여성의 정치 세력화 전략은 먼저 정치에서 배제되어온 여성의 참여를 양적으로 확대하는 '끼어들기'에서부터 시작했다.

그러나 이를 통해 정치권에 들어간 소수의 여성들이 성 평등 정치를 실현하는 데는 한계가 있었다. 남성 중심적인 정치 구조의 제약을 극복하기 위해서는 여성의 수적 확대를 넘어 기존의 정치문화를 바꾸어가는 '새판 짜기'가 반드시 필요했다.[1] 다시 말해, 성 평등 정치를 실현하기 위해서는 정치문화 개조와 제도적 보완이 필수적으로 이루어져야 했던 것이다. 특히 1995년 베이징에서 열린 제4차 세계여성대회에서 채택된 성 주류화 전략이 한국 정부와 여성계에도 큰 동력을 제공하면서, 페미니스트들은 '영향의 정치'를 적극적으로 추진했다.

이렇듯 페미니스트들이 정치적 주류화를 표방한 것은 1987년의 민주화 이후다. 국가를 타도의 대상으로 보던 기존 시각에서 한 발자국 나아가, 여성의 적극적 참여를 통해 변화를 유도할 수 있는 실체로 파악한 것이다. 그래서 정치권에 대한 여성주의적 개입과 여성의 대변자 역할로 방향을 잡아갔다. 페미니스트들은 자신의 정체성을 '새판 짜기'에 두고, 이를 위해 정치를 재개념화하는 것부터 출발해 일상생활을 정치의 장으로 인식하며, 공사 영역을 재정치화하려 했다. 그러려면 국회나 청와대에서 공적 정치에 참여할 뿐 아니라 우리의 일상생활 자체가 정치의 한 영역임을 명확히 이해해야 했다.[2] 치솟는 월세, 오르는 물가, 숨 막히는 공기가 더 이상 사적 문제가 아니라 정치의 일부라는 것이다.

이제 정치에 대한 관심과 참여 주체들의 역할이 중요해졌다. 하지만 여성들은 국회의원이 되기도, 고위 관료가 되기도 쉽지 않다. 그래서 아래로부터 정치를 바꾸기 위해서는 비엘리트적이고 비국가적인 정치, 예를 들면 시민 정치나 지역 정치의 동력을 살릴 필요가 있고, 여기에 여성의 참여가 중요하다. 지역 정치에서 여성의 참여가 늘어날수록 중앙 정치에서 여성의 대표성이 좀 더 높아지고 성 평등한 정치가 실행될 수 있다. 이에 페미니스트들은 정치를 재개념화하고, 참여를 위한 지속적인 문제 제기와 치열한 토론을 주도하고 있다.

먼저 2000년대를 전후해 여성정치할당제의 제도화를 시도했다. 이미 1994년에 '할당제 도입을 위한 여성연대'가 56개 여성단체의 참여 속에 구성되었고, 2000년 2월 정당법 개정을 통해 광역의회 비례대표 후보의 50퍼센트를 여성에게 할당하는 조항이 신설되었다. 또 17대 총선을 앞둔 2003년에는 321개 여성단체들이 결집한 '17대 총선을 위한 여성연대'가 비례대표 의석 감소 반대와 의석 증가 운동을 펼쳤다. 이를 통해 비례의원직은 10석 늘어나 총 299석 중 56석이 되었고, 이 중 50퍼센트를 여성에게 할당하는 정치관계법 개정안을 통과시키는 성과를 거두었다. 그 결과, 2008년 제18대 국회의원 선거에서는 17대와 비슷하게 41명의 여성 의원을 배출했으며, 여성 의원이 13퍼센트를 차지하게 되었다.[3] 여전히 여성 의원의 숫자가 늘지 못한 것은 여성이 지역구 선거의 관문을 통과하기 힘들었기 때문이다. 여기에는 높은 선거 비용, 여성의 낮은 경제력과 정당 내 정치력 부족, 여성 후보에 대한 유권자의 비선호 등이 복합적으로 작용했다.

과거에 비하면 이러한 숫자 자체는 큰 진전이지만, 할당제에 대한 회의론도 떠올랐다. 수적인 대표성을 높이기에는 할당제가 여전히 약하다는 것이다. 할당제는 보수적 여성단체와 진보적 여성단체가 연대하는 방식을 통해 거둔 성과인데, 이에 대한 또 다른 비판도 제기되었다. 여성정치할당제로 당선된 여성 의원들의 정치적 보수성이 문제시된 것이다. 당선자의 자질이나 성 평등 의식에 대한 비판과 함께, 여성 의원의 수적 증가가 정치의 질적 개선을 담보할 수 있는가에 대한 회의론도 떠올랐다.[4] 마찬가지로 여성의 수적 대표성 증대가 정작 여성들 사이의 경제적 불평등 심화에는 효과적으로 대응하지 못한다는 이야기도 나 있다. 이는 할당제가 남성 중심으로 구조화된 정치문화를 근본적으로 변화시킬 수 없다는 의미이다.[5] 그러나 지금은 시작에 불과하다. 여성의 양적 확대가 이루어지는 초기 과정을 거치면서 여성 정치의 질적 개선도 이루어져갈 것이라 확신한다.

아울러 중앙의 정치 무대뿐 아니라 지역 자치에서도 여성의 정치 참여를 확대해야 하는 문제가 있다. 특히 1991년 지방자치제의 부활을 계기로 "지방자치 참여가 대중운동으로서 여성운동의 지평을 열어줄 수 있다"는 신념 아래 페미니스트들은 여성 대표를 지방의회로 보내는 캠페인을 벌였다. 특히 한국여성단체연합, 한국여성단체협의회, 한국여성정치연구소, YWCA, 한국여성유권자연맹 등 56개 여성단체가 참여한 '할당제도입을 위한 여성연대'를 통해 지자체 선거에 비례대표제와 공천할당제를 도입할 것을 지속적으로 촉구했다. 그 결과로 2002년 지방선거부터 광역의회 비례대표 후보의 50퍼센트를 여성에게 할당하는 조항이 실행에 옮겨졌다.[6]

2010년 지방선거를 앞둔 2009년에는 제도 개선을 압박하기 위해 꾸려진 보수와 진보의 연대체 '2010 지방선거 남녀동수 범여성연대'를 통해 여성 지방의원 지역구 의무공천제를 공직선거법에 넣을 수 있었다. 이는 보수적인 여성단체를 대변하는 한국여성단체협의회와 진보적인 여성단체를 대변하는 한국여성단체연합이 '여성'이라는 큰 틀 안에서 연대활동을 시도한 것이었고, 허약한 여성의 정치 세력화를 보완하는 역할을 했다.

그러나 이 연대기구는 곧 해소되었는데, 보수정부 집권하에서 여성 정치 세력화가 수적 증대는 가져올 수 있으나, 진보적인 페미니스트 정치를 실현하는 방향으로 가는 데는 장애가 될 수 있다는 고민 속에서 나온 결론이었다.[7] 이는 앞서 언급한 정치하는 여성의 양적 확대와 질적 발전 사이의 갈등 속 한 과정일 것이다. 이런 문제는 산뜻한 해답이 나오지 않아서 페미니스트들에게 지속적인 번민을 안기고 있다. 2014년에도 지자체 기초선거의 정당공천제 폐지를 둘러싸고 여성계 의견이 갈리면서, 적극적인 연대체 구성과 활동은 이루어지지 않았다.

전체적으로 보자면 2000년 정치관계법 개정안이 통과된 이후 공직선거법상 비례대표 50퍼센트 여성 할당, 남녀교호순번제, 지역구 선출직 30퍼센트 여성 할당 권고가 제도적으로 운용되고 있다. 또한 2010년 3월 의결된 공직선거법 개정안에 따라 국회의원 선거구별로 광역 또는 기초 선출직에 여성을 1인 이상 공천하도록 하고(군 지역 제외), 위반 시 후보 등록을 무효화하는 이행 강제조치를 규정하고 있다.[8]

전 세계적으로 여성 할당제는 널리 확산되고 있다. 이러한 성공의 요인으로는 여성운동의 압박, 국제기구나 국제 규범의 압력, 정치 엘리트들의 전략적 선택 등이 주목받는다. 한국에서는 무엇보다도 여성운동의 적극적인 활동과 압박이 크게 작용했고, 민주화 실현 이후 시민사회나 정치권 사이에서 넓어진 공감대도 크게 작용한 것 같다. 이 지점에서 여성의 정치 세력화를 위해 치열하게 싸워온 페미니스트 활동가들의 공로를 높이 평가해야 한다. 그러나 보수 정부 아래에서 반복된 비례대표 축소 시도의 저지나 여성 정치할당제 미이행 시 강제이행 조치를 엄격히 실행하는 문제가 미결의 과제로 남아 있다.[9]

페미니스트들은 '당선 가능성이 있는 여성이 없다'며 여성 후보 공천을 회피하는 정당들에게 실질적인 대안을 제시하기 위해 여성 후보 추천운동을 전개했다. 2004년 총선 당시 맑은정치여성네트워크를 조직해 활발한 집단토론을 거친 후 102인의 여성 후보 명단을 발표했고, 각 정당에 공천을 요구하며 당선운동을 펼쳤다. 그 결과, 추천된 여성 후보들은 신인으로 한정되었음에도 불구하고 당선율이 총선 전체 여성 후보 당선율보다 높았다. 양면 전략, 즉 한편으로 총선여성연대를 통한 제도 개혁운동을 펼치고, 다른 한편으로는 맑은정치여성네트워크를 통해 후보 추천운동을 펼친 점이 상당한 성과를 거둔 것이다.

그러나 이러한 성과에 대해 쓴소리도 있었다. 젊은 페미니스트로 구성된 여성주의 저널 《일다》는 엄격한 기준 없이 여성 국회의원의 수적 확대를 추구하는 것은 권력을 감시해야 할 여성운동의 순수성을 폄훼하거나 구성원 차출을 통해 운동 단체의 활동력을 약화할 수 있다는 비판을 제기했다. 이와 관련해 후보 추천운동을 펼친 페미니스트들은 "우리가 무임승차한 여성, 그리고 여성이면서 반여성적인 여성 의원들의 모습이 언론에 부각되는 점 등을 방어해내지 못했다"는 한계를 스스로 지적하기도 했다.[10]

이에 진보적 여성단체인 한국여성단체연합은 2004년 총선 평가 이후 질적 전환을 모색하기 시작했다. 뒤이은 창립 20주년 비전 수립 과정에서 풀뿌리 지역 여성운동을 강조하는 가운데, 아래로부터 올라오는 '풀뿌리 여성 정치 세력화'를 강조했다. 지역 여성운동 센터를 통해서 지역 여성운동을 적극적으로 추동하고, 풀뿌리로부터 여성 후보자를 발굴해내는 전략을 쓰자는 것이다. 생활 정치와 관련해 일상적인 삶과 직결된 지역 운동을 활성화하고, 이를 통해 풀뿌리 운동에서 자라온 여성을 기초의회 후보로 적극 배치하는 전략이었다. 이런 방향성은 여성 정치인의 수적 증대와 질적 전환이 단순한 양자택일의 관계로 보기 어렵다는 점을 보여준다. 논란과 비판이 많겠지만, 일단 여성 정치인의 수적 확대가 필요하고, 그러면서 동시에 여성 정치인의 젠더 의식과 민주 의식을 높여가는 이중 전략이 요청되고 있다. 여성 정치인이 늘어나고 있는 상황에서 평등과 평화의 정치가 더 강화된 북유럽 국가의 모델로 접근하기 위해서는 페미니스트의 좀 더 치열한 노력이 필요할 듯하다.

또한 앞서 잠시 언급한 대로, 여성운동이 제도화 또는 권력화되고 있다는 비판이 있고, 그 중심에는 정치 세력화 운동이 있다. 구체적으로 여성운동 단체의 대표 등 여성계 주요 인사들의 정치권 진출이 문제시되고 있다. 즉, 기성 정당에의 '끼어들기'는 그 정당의 정치에 대한 비판을 기피하게 함으로써 여성의 자율성에 손상을 입힐 수 있다는 것이다. 게다가 여성 지도자의 정치 진출은 그간의 활동이 정치권에 진출할 발판을 만들기 위한 것이었다는 오해를 불러일으키면서, 여성운동의 도덕성에 대한 비판으로 이어질 수 있다는 우려도 나왔다. 이는 페미니즘이 내세운 이상주의적인 대안 가치에 대한 주장이 현실 정치의 고려 속에서 훼손될 수 있기 때문이다. 그러나 현실 정치를 통한 개혁 작업이 없으면 페미니즘의 주장은 실현될 수 없는 이상론으로 끝나고 만다는 딜레마도 있다. 이에 제도 정치권 진입을 개인의 결단으로 결정하기보다는 조직 차원에서 더 공식적·공개적·민주적 방식으로 결정하고, 이와 맞물려 책임을 묻는 전략을 선택하는 게 좋을 것이다. 물론 그렇다고 문제를 완전히 해소할 수 있는 것은 아니지만, 상대적으로 나은 대안일 수 있다.

페미니스트는 정치관계법의 제도화와 정치 참여 전략을 시도한 것 외에도, 다양한 방식의 유권자 운동과 정책 이슈 대응 활동도 전개했다. 1997년 이래로 대선 때마다 가능하면 텔레비전으로 중계되는 '대선후보 초청 여성정책토론회'를 여성단체 공동으로 개최해 과거 정부의 여성정책을 평가하고, 차기 대통령 후보에게 요구할 공약을 제시하며, 그 이행 여부에 대한 약속을 받아내려 했다. 이는 〈2002년 대선 여성공약 자료집〉을 통해서도 잘 드러났다. 또 총선에 대응하는 과정에서도 2016년의 경우처럼 〈지속가능한 성 평등 사회를 위한 100가지 젠더정책 자료집〉을 발간했는데,

여기에서는 성 평등 정치를 여성만의 문제가 아니라 우리 사회 전체의 문제로 관련지어 대응하는 젠더 정치의 틀을 제시하려 했다. 근대적인 보편 범주로서 젠더를 계급, 인종, 지역, 종교와 같은 다른 사회적 구획과 복잡하게 상호 교차하는 체계로 바라보려는 시도이다.

이런 문제의식 속에서 진보적인 여성단체들은 박근혜 후보가 여성 대통령 후보로 등장했을 때, 사실상 지지하지 않기로 결정했다. 박근혜 후보가 지향하는 정치가 페미니즘의 이상과 부합하지 않는다는 판단 때문이었다. 그러나 박근혜 대통령의 여러 실책이나 한계점이 여성 정치인, 여성 대통령 후보이기 때문인 것으로 환원하는 여성혐오적인 공격이나 발언에 대해서는 비판하는 자세를 견지했다. 그렇더라도 여성 대중이 생물학적 여성과 성 평등 관점을 지닌 여성의 차이를 논할 만큼 준비가 되어 있지 않은 상황에서 '여성 대통령이 당선되어야 한다'는 주장을 내세울 경우 박근혜 후보에게 유리할 수 있다는 판단 때문에, 무대응 전략을 펴기로 한 것이다.[11] 헌정 사상 최초의 여성 대통령으로서 박근혜 대통령의 등장은 한국 사회에서 '페미니스트의 정치 세력화 운동이 어떤 세력과 연대할 것인가'에 대한 좀 더 근원적인 질문을 던져주었다.

마지막으로 정치 세력화 운동과 관련해 던져진 또 다른 숙제는, 공식적·제도적 차원의 정치 참여에서 나아가 '정치적인 것'의 공간을 확장하려는 노력이다. 다시 말해, 기존의 공고한 공사 영역의 경계를 허무는 시민 정치를 만들어가야 한다는 뜻이다. 이는 일상생활의 여러 영역에서 정치 참여를 열어가는 것에 방점이 찍혀 있다. 이를 위한 실천의 장을 도처에서 발굴하려면 여성들의 좀 더 창의적인 노력이 필요하다. 예를 들면 2020년 유치원 3법 개정과 관련해, 엄마들의 모임이자 비영리 시민단체인 '정치하는 엄마들'의 활동은 사회에 전달하는 울림이 매우 컸다.[12] 요즈음 SNS를 통해 여성의 정치 공간이 열리고 있지만, 앞으로 더 넓고 다양한 공간과 연대의 가능성을 열어가야 한다. 성 평등 민주주의는 다양성과 차이를 존중하는 가운데 '연대의 정치'를 통해 새로운 정치 세력화의 장을 모색해야 할 것이다.

3

페미니즘은
역사를
만든다

12

어떤 여성은 더 가난하다
: 계급을 생각하는 페미니즘

왜 페미니스트는 계급 문제에 관심을 갖는가? 페미니즘의 역사 속에서 늘 반복되는 질문이지만 그 중요성은 결코 줄지 않는다. 서구의 자유주의 페미니즘 운동이 성공을 거두면서 여성은 고등교육을 받을 권리, 재산권, 참정권 등을 얻을 수 있었다. 백인 고학력 여성이 중추를 이루던 자유주의 페미니즘의 요구는 실현되었고, 엘리트 여성은 자신이 속한 계급의 남성과 동등한 권리를 누리게 되었다. 중상층 여성의 관심사를 최우선적으로 부각했던 대중매체 속에서 이제 여성의 평등권은 실현된 것처럼 비쳤다. 노동자계급 여성을 포함한 대다수 여성이 겪는 급박한 문제에 대해 페미니스트도 사회도 주목하지 않았다.

고학력 전문직은 여성들의 진입 장벽이 높기는 하지만, 일단 취업하면 남자 동료와 동일한 보수를 받는다. 교사나 교수, 의사, 변호사, 약사와 같은 전문직에서 여성이라는 이유로 적은 급여를 받지는 않는다. 이들은 '계급 권력'을 손에 넣었다고 말할 수 있다. 그러나 대다수 여성의 경우 남성보다 임금이 적다. 노동자계급 여성들은 스스로가 받는 임금으로는 결코 해방될 수 없다는 사실을 잘 알고 있다. 저임금과 장시간 노동이 존재하는 한 인간다운 삶을 누릴 수 없기 때문이다. 물론 페미니스트가 주도한 여성운동 덕분에 대다수 여성들이 과거보다는 임금이 조금 올랐고, 직장 내에서는 성차별과 성희롱이 줄어드는 성과를 거두긴 했다. 그러나 많은 여성이 여전히 임금을 차별받는 현실에서 그간의 노력이 자본주의의 이해관계와 계급 이익으로 환원되고 있음을 알 수 있다.[1]

한국의 여성이 처한 현실을 구체적으로 살펴보자. 1970년까지 한국의 산업구조는 섬유와 식품 등 경공업 중심이었고, 젊은 여성노동자의 저임금·장시간 노동은 공업화 초기의 자본축적에 크게 기여했다. 그러나 1980년대에 들어오면서 경제의 무게중심이 기계, 자동차, 화학 산업 등 중화학과 전자 산업으로 이동했다. 아울러 이 시기에는 금융·보험·유통업 등 3차 산업이 확대되면서 사무직 노동자가 늘어났고, 여기서 여성이 또다시 저임금노동자가 되어 큰 비중을 차지하게 되었다. 또한 여가 산업이나 서비스업이 급속하게 비대해지면서, 개인 서비스나 상업 분야로도 여성이 많

여성 취업인구의 산업별 분포[2]

(단위: 퍼센트)

	1차 산업	2차 산업	3차 산업
1963년	68.7	6.9	24.4
1970년	59.7	14.7	25.5
1980년	46.5	21.9	31.6
1990년	20.4	28.0	51.6
2004년	9.2	15.9	74.8

* 자료 : 통계청, 《경제활동인구연보》.

이 유입되었다. 1990년대 이후 글로벌 차원에서 진행된 급속한 정보화 역시 서비스 경제 영역을 넓혔고, 이 분야로도 여성 노동력이 대거 진출했다.

1990년대 이후 신자유주의적 경제질서로 글로벌 차원의 개편이 진행된 것은 한국에서도 여성의 노동과 삶에 큰 영향력을 끼쳤다. 1997년 한국이 경제위기를 맞아 IMF의 관리 체제 아래로 들어가면서 여성의 경제활동참가율은 하락했다. 이때 대대적인 폐업과 감원이 발생하는 가운데, 여성을 부차적 노동력으로 간주하는 가부장적 성별 분업 이데올로기에 따라 여성이 먼저 해고되는 고통을 겪었다. 1998년 이후 여성의 경제활동참가율은 다시 상승했지만, 그사이 여성 노동력의 구조가 개편되어 여성은 임시, 파트타임, 용역, 가내노동 등의 비정규직 일자리로 가게 되었다. 더욱이 빈약한 공공복지 제도는 여성이 짊어지는 재생산 비용, 즉 육아와 가족·노인 간병 등의 재생산 노동을 증가시켰다.

2004년과 2013년 여성의 경제활동참가율은 각각 49.7퍼센트와 50.2퍼센트로, 남성에 비해 현저히 낮고 OECD 국가 평균의 70~80퍼센트에 불과하다. 물론 1963년 전체 취업자 756만 명 중 여성은 34.8퍼센트인 263만 명이었으나, 2004년에는 전체 취업자 중 41.5퍼센트인 936만 명이 었다는 점에서 여성의 경제 참여가 뚜렷하게 늘어나긴 했다. 이를 통해 세계 노동시장의 일반적 추세인 '노동력의 여성화'를 확인할 수 있다.

　그러나 양적 증가가 일자리의 질적 향상으로 이어지는 것은 아니다. 여성 노동력의 고용 불안정과 비정규직화는 더 심해졌다. 많은 여성들이 일자리를 잃을 것이라는 불안 속에서 살아간다. 1995년 여성 노동자 중 상시 고용이 42.8퍼센트, 비정규직에 해당하는 임시 고용과 일용직 고용이 57.3퍼센트인 데 비해, 2003년에 이르면 상시 고용 35.3퍼센트, 임시 고용과 일용직 고용은 64.7퍼센트로, 비정규직 비중이 거의 65퍼센트에 도달했음을 보여준다.[3] 2014년 3월 통계에 따르면, 여성 임금노동자 796만 8000명 중 비정규직은 442만 8000명으로 55.6퍼센트를 차지하고, 전체 비정규직 중 여성의 비율은 53.8퍼센트에 이른다. 여성의 경우 40대를 넘기면서, 즉 고령일수록 비정규직화가 더 늘어난다.[4]

　여성 노동력 구성은 1960년대 공업화 초기에 미혼·저학력 여성이 주축을 이루다가, 1980년대 이후 주축이 기혼·고학력 여성으로 바뀌고 있다. 취업 여성 중 미혼 대 기혼 비율은 1981년에 86.2 대 13.8이었는데, 2004년에는 25.9 대 74.0이 되었다. 기혼 여성의 비중이 절대적으로 높아진 것은, 여성의 고등교육 진학률이 높아지고 대학 졸업 후에야 취업에 나서면서 더 이상 미혼·저학력 여성으로 노동력을 충원하기가 어려워졌기 때문이다. 생산직은 1960~1970년대 젊은 미혼 여성이 주로 취입하던 식송이었는데, 2004년에는 이들이 차지하는 비율이 7.3퍼센트에 불과했다. 이는 과거 미혼 여성 노동자가 했던 역할을 기혼 여성 노동자가 이어받은 것이다. 그러나 기혼 여성 노동자의 60.3퍼센트가 비정규직으로 일하고 있으며, 상당수가 경력 단절을 겪은 후 다시 취업한 경우가 많았다.[5] 이를 통해서 결혼이 여성의 노동 지위에 큰 영향을 미치고 있음을 알 수 있다.

고용의 불안정성에 못지않게 낮은 임금도 심각한 문제이다.[6] 여성 비정규직의 4분의 1은 최저임금에 미달하는 임금을 받는다. 2017년 OECD 조사에 따르면 한국에서 남성이 받는 임금을 100이라고 할 때 여성은 34.6퍼센트 적게 받아 회원국 중 성별 임금격차가 가장 높았다. 기혼 여성 노동자의 생산직 진출과 저임금화가 나란히 나타나면서 출산율은 극도로 낮아졌다. 2005년에 출산율은 1.16명으로 하락했는데, 이는 세계에서 최하위 수준에 해당한다.[7] 2019년에는 더 심각해져서 합계출산율은 0.92명이었고, 2020년에는 0.84명으로 내려갔다.[8]

1945년 이후 한국 사회의 중요한 변화 중 하나는 급속한 고학력화인데, 이는 여성에게도 예외가 아니다. 1980년 21.6퍼센트이던 여성의 대학 진학률은 2000년에 65.5퍼센트로 늘어났다. 이 해 입학생 중 여성의 비율은 46.6퍼센트였다. 2017년에는 여성의 진학률이 72.7퍼센트로 증가했고, 이는 남성보다 7.2퍼센트 높다. 그러나 고학력화에도 불구하고, 2000년대 여성의 취업률은 낮은 편이었다. 대졸 여성의 경제활동참가율은 OECD 평균 83퍼센트인데 비해, 한국은 56퍼센트에 불과했다.[9] 2015년에 와서야 대학 졸업 여성의 고용률은 62.8퍼센트가 되었다.[10] 이는 '여성의 일차적인 책임은 가정'이라는 사회적 인식이 여전히 작용하는 현실과, 고학력 여성의 경우 주된 일자리인 전문직이나 경영 분야 진출은 저지되고 있는 현실을 보여준다.[11]

2017년 3월《이코노미스트》가 29개국을 대상으로 여성의 고등교육 비율, 성별 임금격차, 여성 관리직 비율, 여성의 경제활동참가율, 임금 대비 육아 비용을 조사했는데, 이러한 기준에 따라 한국은 "일하는 여성이 가장 살기 힘든 나라"로 선정되었다. 기업의 여성 임원 비율은 2.4퍼센트, 공공 부문의 여성 관리직은 10.5퍼센트인데, 특히 전자는 OECD 국가 중 꼴찌를 차지했다.

여성의 빈곤도 심각한 수준이다. 2010년 조사에서 전체 4가구 중 1가구 이상이 여성 가구주 가구인데, 이들의 3분의 1 이상이 빈곤 상태에 놓여 있다고 한다. 특히 여성 노인 단독가구의 경우 거의 70퍼센트가 이미 빈곤 상태에 처해 있다.[12]

생계유지와 관련해 여성의 기여는 더 커지고 있다. 2008년 미국에서 시작된 금융위기가 한국에도 충격을 주면서 '남성 1인 생계부양자 모델'에 의해 지탱되던 젠더 보상 시스템의 붕괴가 더 가속화되었다는 주장이 제기되었다.

그러나 여성의 취업이 늘어난 동시에 여성 내부의 격차가 크게 벌어졌다는 점에도 주목해야 한다. 한편에서는 전문기술직으로 진입해 높은 급여를 받는 여성의 수가 늘어나고 있지만, 많은 여성들이 우선해고, 노동조건 악화, 비정규직화에 직면하면서 여성들 사이의 빈부격차가 더 커지고 있는 것이다. 이 과정에서 특히 20~30대 젊은 여성들이 집중적으로 피해를 입고 있다. 이제 신자유주의적 세계화의 광풍이 초래한 위기가 약탈적 자본주의와 성차별주의를 정교하게 결합하면서, 빈곤의 세대 차와 성차가 고착되어가고 있다.[13]

비정규직의 저임금노동자 여성은 누구와 연대하게 될까? 가족의 생계를 위해 함께 전전긍긍하는 남편보다 전문기술직이나 경영인으로 화려한 이력을 쌓아가는 여성과 더 연대할 수 있을까? 이 질문은 식상하리만치 오래된 질문이지만, 냉정한 현실 분석을 끊임없이 요구하는 질문이다. 바로 이런 지점에서 여성들은 성과 계급의 문제를 토론하지 않을 수 없다. 이는 지금의 계급 구조 안에서 여성의 동등한 권리를 요구해온 페미니즘 운동으로 갈지, 아니면 여성 대중 대다수의 해방을 위해 현존하는 계급 구조를 좀 더 근원적으로 변화시키는 평등운동으로 갈지에 대한 고민거리를 던진다.[14]

앞서 언급한 두 입장의 갈등은 계급뿐 아니라 인종 문제와 성차가 더 선명히 교차하는 미국에서 첨예하게 드러났다. 1960년대 말 이후 활발해진 페미니즘 운동이 '백인 특권층 여성'에 의해 주도되면서, 계급이나 인종 문제가 제대로 고려되지 않았다는 유색 여성 페미니즘(feminism of coloured women)의 혹독한 비판이 제기되었다. 그 대표 주자인 벨 훅스는 다음과 같이 말한다.

> **처음부터 계급 특권을 가진 개혁주의자 백인 여성들은 그들이 원하는 권력과 자유가 그들 계급의 남성들이 누리는 바로 그 권력과 자유라는 것을 잘 알고 있었다.**[15]

> **개혁주의 페미니즘은, 주류 백인 우월주의적 가부장제가 자기 권력을 유지하는 데 도움을 주었고 동시에 페미니즘의 진보적 정치성을 훼손시켰다.**[16]

이렇듯 혹독한 비판과 더불어, 벨 훅스는 특권계급 여성들이 자기 계급 남성들만큼 계급적 지위와 경제적 권력을 누리게 되었을 때, 페미니즘 내에서 계급에 대한 논의가 더 이상 활발해지지 않았고, 페미니스트 정치학도 힘을 잃었다고 주장한다. 이 시기에 스스로 페미니스트라고 말하는 많은 '특권계급 여성'은 '빈곤의 여성화' 문제를 도외시했다는 것이다. 페미니즘 운동이 고양되고 여성의 권리가 확장된 1970~1980년대 미국에서 여성의 빈곤층 비중은 월등히 높아졌다.

한국의 경우, 미국 사회에서 나타난 백인과 흑인 여성의 격차처럼 가시적 차별이 명료하게 드러나는 것은 아니다. 특히 계급과 인종의 구분선이 거의 일치하는 사회, 즉 가난한 사람이 대부분 유색 인종인 미국 사회에서 나타나는 여성들 사이의 첨예한 계급 갈등은 한국 사회에서 잘 보이지는 않는다.[17] 그런 점에서 필자는 벨 훅스가 사용한 용어인 '백인 특권층 여성'을 따옴표와 함께 사용했다. 흑인 여성으로서 인종차별과 계급차별을 이중적으로 경험한 그에게 백인 여성은 피부색만으로도 '특권을 가진 존재'로 비칠 수 있다. 그러나 우리의 경우 좀 더 익숙한 '중상층 여성' 혹은 '가진 여성'으로 표현하는 것이 더 적절할 듯하다. 1990년대 이후 가진 여성과 가지지 못한 여성 사이에서 점차 확대되는 양극화 현상과 빈곤의 여성화는 페미니스트들이 좀 더 진지하게 고찰해야 할 이슈이다. 그런 점에서 페미니스트라면, 아니 여성이라면 성과 계급의 관계를 좀 더 진지하게 토론하며 해결 방안을 모색해야 한다.

서구 사회에서도 1980년대 초까지 여남의 계급 차에 대한 연구는 많이 이루어지지 않았다. 여성의 계급이나 신분은 남성 가구주에 의해 결정된다고 보았다. 그러나 여성의 노동시장 진출이 늘어나자 계급 이동 등에서 젠더의 의미가 주목받기 시작했다. 계급 이동, 즉 사회적 상승과 하강 사이에서 남녀 간 차이가 드러났다. 계급 이동에서 여성은 집단적으로 남성에 비해 하강 이동을 했고, 이런 차이는 해당 국가의 사회정책이나 노동시장 개입에 따라 다르게 나타났다.[18]

한국에서도 성 범주와 계급 범주는 깊은 연관성을 보여준다. 한국 사회에서 계급 구조의 특성으로 소상인이나 중소기업가 같은 구중간계급의 꾸준한 확대와 임노동자의 빠른 팽창을 들 수 있다. 구중간계급의 지속적인 확대·재생산은 자영업의 팽창과 여성 구성원의 부불 가족노동에 크게 의존한다. 또한 임노동의 증가는 단순 사무직 노동으로 여성이 대거 진입했음을 드러내는 현상이고, 이는 사무직과 생산직 노동의 여성화 현상을 의미한다. 이는 성 범주와 무관해 보이는 계급 구조나 조직이 실제로는 얼마나 깊이 연루되어 있는지 보여주며, 페미니스트들은 여기서 여성 억압과 계급 억압 간의 연계성을 확인한다.

페미니즘 이론이나 여성운동의 실천적 과제와 관련해 성과 계급 문제는 '계급'이 우선이냐 '성'이 우선이냐를 둘러싼 사변적 문제나 양자택일적인 것이 아니다. 또한 성 범주나 계급 범주는 정태적이거나 분류적인 개념이 아니다. 이들은 젠더 관계나 사회관계를 드러내는 관계적 개념이다. 따라서 우리는 성과 계급의 역동적 관계에 더 주목해야 한다.[19] 오히려 계급 문제를 해결하기 위한 사회운동에서 페미니즘 운동의 의미를 살려내고, 역으로 페미니즘 운동에서도 계급 문제의 함의를 적극적으로 찾아가야 할 것이다.

페미니스트 정치학에 충실하기 위해서는 여성의 경제적 자립을 적극적으로 추동해야 하고, 열악한 경제 현실을 개선하려는 다른 여성들의 노력에 힘을 보태야 한다. 자신이 속한 계급을 넘어 여성 전체의 삶을 바꾸는 개혁을 달성하기 위해 자신의 자원을 공유하고 여성의 결집된 힘을 공동으로 활용해야 한다. 커지는 빈부격차와 계속되는 빈곤의 여성화 앞에서 이제 페미니스트들은 대중적 기반을 둔 새로운 진보적 여성운동을 대대적으로 추동해야 한다. 즉, 노동계급 여성과 저소득 여성의 구체적 현실을 바꾸어갈 수 있는 운동을 적극적으로 추진해야 한다. 최근 SNS를 통해 확산되는 페미니즘 운동과의 접맥 속에서 스스로의 노동권, 나아가 사회경제적 권리를 쟁취하기 위한 당사자 운동의 확대를 기대해본다.

13

남성성은 어떻게 만들어졌을까

: 근대적 남자 되기부터 동성애 찬반 논란까지

한국 페미니즘을 이해하기 위해서는 한국의 남성과 남성성의 역사를 함께 알아야 한다. 흔히 근대의 남성성(masculinity)은 서구에서 18세기 후반부터 19세기 초 사이에 형성되었다고 말한다. 여기서 남성성이란 남성이나 소년이 지닌 태도, 행동, 역할, 사고방식 등을 총칭하는 것인데, 달리 말해 사회문화적으로 형성된 젠더(gender) 정체성이라 말할 수 있다.[1] 각 시대마다 남성성과 여성성이 존재했지만, 오늘날 거론하는 남성성은 남성의 새로운 스트레오타입(stereo type)이 탄생한 근대에 시작되었다고 말할 수 있을 것이다. 물론 한국의 남성성은 서구와 다르게 형성되었지만, 서구적인 전형이 (때로는 중국이나 일본을 거쳐) 개화기에 도입되어 우리 상황과 조우하면서 전유되거나 재조정되었다. 이런 점에서 한국의 남성성을 살펴보기 위해 먼저 서구 남성의 역사적 뿌리로 거슬러 가보자.

일찍이 서유럽에서 근대 자본주의의 핵심 세력으로 새롭게 등장한 시민계급은, 혈통과 세습을 통해 부와 지위를 획득한 '게으르고 나태한 귀족계급'과 자신들을 구별하는 전략과 더불어 부르주아 시민사회에 필요한 새로운 남성성을 만들어갔다. 이는 귀족계급이 독점해온 문화적 헤게모니를 새로운 부르주아 계급의 문화로 대체하는 과정이었다. 이를 통해 귀족 이미지를 타자화하려 했다.[2] 새로이 등장하는 시장경제 속에서 남성의 덕목은 근면, 검약, 경제의 합리적 운용이었다. 이를 통한 경제적 성공은, 기독교의 예정설에 따르면 신에 의해 선택받은 징표였다.

이런 새로운 시대정신에 맞추어 복장에서도 변화가 나타났다. 절대주의 시대 남성이 누렸던 화려한 치장, 예를 들면 가발이나 굽 높은 구두, 가루분, 향수, 치렁치렁한 의복은 이제 활동하기 편하고 단순하며 장식이 없고 실용적인 지금의 양복과 넥타이로 대체되었다. 17세기 말부터 영국에서 시작되어 18세기 말에 이르러 프랑스까지 퍼진 엄숙한 남성복은 노동·근면·검약·겸손을 보편화하는 과정이었다. 이때부터 사치의 관행은 여성의 몫으로 떠넘겨졌다.[3] 이때부터 남성의 복장은 유행으로부터 빠져나왔고, 유행의 여성화와 이를 평가절하 하는 남녀 이분법이 강화되었다. 의상과 아름다움에 전념하는 것은 이제 여성적인 것으로 간주되었다. 19세기 이래로 여성의 의상만이 과시적 성격의 여유와 소비를 보여주었다. 남성의 복식이 여성의 복식보다 간소해진 때는 불과 약 300년 전이었다.[4]

마찬가지로 남자다움은 신체에서도 체현되었다. 서양인들은 그 문명의 원류이자 정신적 고향이라 할 수 있는 고대 그리스에서 제작된 나체상에서 남성의 새로운 외형적 이상형을 찾았다. 떡 벌어진 어깨와 탄력성 있는 매끈한 피부 등을 내세운 강인하면서도 아름다운 남성의 나체 조각상은 새로운 남성성의 육체적 이상형이 되었다.

또한 근대적인 남성상은 중세의 거칠고 야만적인 기사들과 대조되는 순치되고 세련된 매너를 갖춘 모습이어야 했다. 그러나 새롭게 등장한 절대주의 국가와 상비군 제도는 군사적인 덕목과 규율을 갖춘 남성을 필요로 했다. 이러한 병사들은 중세의 전쟁터에 동원되던 훈육되지 않은 농민군이나 무절제한 기사들과는 다른 존재여야 했다. 근대적 군사제도 속에서 건강하고 아름다운 남성의 몸은 동시에 민족과 국가를 위해 헌신하는 몸도 되어야 했다. 남성은 근대국가를 위해 희생할 준비가 되어 있는, 규율과 훈련으로 단련된 존재로 부각되었다. 근대국가의 상비군 제도 아래에서 군대는 남자다움을 가르치는 학교가 되었다.[5]

이 새로운 남성성은 18~19세기 이후로 약화되기보다는 강화되었는데, 그 정점을 보여주는 게 나치시대일 것이다. 나치는 그리스 조각을 닮은 아리안 청년의 모습을 적극적으로 선전했다. 남성의 나체 조각상이 가장 많이 세워진 때가 나치시대였다. 베를린의 국립역사박물관 현관을 들어서면, 나치 집권 기간에 만든 거대한 남성 나체상의 웅대한 모습이 입구에서 기다리고 있다

유럽의 시민계급이 18세기 후반 이래로 귀족계급과 자신을 구별하는 가운데, 그 정당성을 보편화하려는 노력 속에서 만들어진 시민성(Bügerlichkeit)에서도 새로운 남성성이 강조되었다. 일상생활에서도 남성성의 정교한 메커니즘이 발전하기 시작했다. 의상, 장례, 축제 등에서 나타나는 정교한 규칙과 금지 규정, 혹은 그에 토대를 둔 특정 가치관에서 여성과 남성의 역할은 명확히 지정되었다. 무도회부터 손님 초대, 종교 생활, 식사 예절, 가족 관계 등 일상생활 곳곳에서 매너가 엄격하게 지켜지기 시작했다. 특히 신문이나 문학 등을 통해 의사소통망이 확대되고, 시민계급의 이상·가치·관습이 맹렬하게 선전되면서 남성성은 널리 유포되었다.[6]

근대 이후 남성성의 가장 중요한 속성은 '생계부양자(breadwinner)' 역할이다. 가족이 함께 일하던 근대 시민계급의 일상적 삶은 산업화가 시작되면서 큰 변화가 일어났다. 남성 노동력이 중심이 된 공장이 등장하면서 가족이 함께 일하던 작업장에서 아내와 딸들은 쫓겨났고, '일터'와 '가정'이 분리되었다. 남성에게는 가족의 생계를 홀로 책임져야 하는 무거운 부담이 주어졌다. 19세기 말로 갈수록 아버지들은 직업상 의무를 수행하는 데 정력을 소모했고, 가족과는 정서적으로 거리를 둔 채 엄격하고 가까이 다가갈 수 없는 권위적인 존재로

자리를 잡아갔다. 근대적 남성성의 기초가 된 것은 이렇듯 서구 부르주아 혹은 중산층의 생활양식과 문화라 할 수 있다.[7]

이런 남성성의 강조와 더불어 발생한 여러 차별과 억압은 무력을 동원한 강제력에 기초하기보다는 종교, 문화, 도덕, 전통, 교육, 이념 등을 통해 대중의 암묵적 동의를 얻어내면서 역사 속에 오랜 기간 축적되었다. 오스트레일리아 사회학자 코넬(Raewyn Connell)은 이탈리아 사회주의자 그람시(Antonio Gramsci)의 이론을 빌려 이를 '헤게모니적 남성성'이라는 개념어로 표현했다.[8] 이렇듯 대중의 자발적 동의에 기초한 헤게모니 아래에서 여성은 성차별이나 착취, 억압을 스스로 인식해내기가 쉽지 않고, 이에 대한 저항을 결심하기는 더욱 어려울 것이다. 그간의 역사 속에서 헤게모니적 남성성이 훌륭하게 작동하고 있었다는 근거는, 적어도 최근까지 여러 성차별적 기제를 아무도 문제시하지 않았다는 점에서 발견할 수 있다.[9]

한국에서는 남성성이 어떻게 형성되었을까? 전통 사회의 남성성을 언급하자면, 한국의 경우 보편적으로 나타나는 타국의 사례들과는 그 특성이 다르다. 하나는 양반이 서얼을 천대하는 것이고, 다른 하나는 문관이 무관을 멸시하는 것이다. 서얼이나 무관 출신 남성은 조선 사회에서 영향력을 행사할 수 없었다. 전통 사회에서 형성된 남성성은 이 두 가지 갈등으로 인해 깊은 균열을 내재하고 있었다. 유교와 결합한 가부장제가 지배하는 조선 사회에서 귀족 출신 선비들의 위세는 하늘을 찌를 정도였다. 하지만 그들은 가족

의 생계를 책임지는 존재도 아니었다. 이런 선비들의 권세는 식민지 지배와 함께 종료되었다.[10]

식민지 치하에서 한국 남성들은 '근대적 남자 되기'를 서구 열강과 일본으로부터 부지런히 학습했다. 이들은 한국 남성성의 새로운 이상형에 걸맞은 전통을 찾아내려 했고, 그 결과는 수입된 남성성이 전통의 변형과 재전유를 거쳐 조선에 뿌리내리는 것이었다. 그 일환으로 먼저 근대 국민국가에 걸맞은 구국의 영웅을 찾아내고자 했다. 구한말에 쏟아져 나온 외국 영웅들의 전기는 조선 남성들의 열망을 입증했는데, 뒤이어 단재 신채호가 민족 영웅들의 위인전을 저술하려 시도한 것은 이런 열망을 우리 역사에서 찾으려는 노력이었다.[11]

그러나 식민지 인도 내 젠더 관계에 대한 연구들은, 식민지 남성이 제국주의적 담론의 확산을 통해 '여성화된 남자'들로 간주되었음을 밝혀내고 있다. 식민 지배는 인도 남성들의 무능함에 따른 결과이므로 남성들 역시 보호받아야 할 약자에 불과하다는 논리가 횡행했다. 따라서 인도 여성들에 대한 지배나 통제 역시 제국 권력을 가진 영국 남성의 권한으로 간주되었다는 것이다.[12] 인도와 동일한 방식은 아닐지라도, 식민 지배 아래에서 조선의 남성들도 남성성을 불완전하게 구축해나갈 수밖에 없었을 것이다.[13]

1945년 일본의 식민 지배로부터 해방되고 1948년 정부가 수립되면서 한국 남성에게도 근대적 의미의 남성성을 새로이 만들 기회가 제공되었다. 뒤이은 한반도 분단과 남북 간의 이념적·군사적 대립은 공산주의 위협에 맞서 용감하게 싸우는 전사 남성을 요구했다. 징병제가 시행되면서 군 복무는 남성이 사회적으로 우대받을 수 있는 일등 시민의 자격 조건이 되었고, 한국 남성은 이제 후방에 있는 여성을 지키는 보호자가 되어야 했다. 이런 가부장적 질서는 징병제를 독려했고, 호전적이며 권위주의적인 반공주의 전사를 만들어내는 데 크게 기여했다. 특히 1950년 한국전쟁은 감정적으로 고조된 남북 대립과 이념 갈등을 만들어냈고, 남성들은 민족을 위한 전쟁에 기꺼이 자신을 희생하도록 요구받았다. 이렇듯 군사주의가 팽배한 사회 분위기 속에서 군인뿐 아니라 민간인에 의한 학살이 도처에서 일어났고, 심지어 인척이나 친구까지 죽고 죽이는 참상이 벌어졌다. 이런 비인간적인 전쟁에 거의 100만 명의 남성이 군인으로 동원되었고, 이를 통해 한국 사회에서 '호전적인 과잉 남성성'이 강화되었음은 의문의 여지가 없다. 새로운 남성 만들기는 이렇듯 병영국가화와 강력한 징병제의 정착과 궤를 같이하는 것이었다.

이와 더불어 주목할 만한 현상은, 1950년대에 전쟁 후유증, 가난, 징집의 공포에 흔들리는 불안한 남성성이 팽배할 때 역설적이게도 여성혐오가 나타났다는 점이다. 한국전쟁 기간에 남편 잃은 아내들, 자식 잃은 어머니들, 아버지 잃은 딸들은 가족의 생계를 유지하기 위한 노동에 나서야 했다. 여성들은 남편과 아버지를 대신해 아이들의 교육도 도맡아야 했다. 이 시기에 여성의 지위를 개선할 수 있는 여러 기회도 열렸다. 남성의 부재를 대신해 체신부나

치안국 등의 공공 분야, 군대, 교육기관, 농·어업, 상업에서 여성 진출이 늘어났다.[14)]

그러나 남성들은 바깥으로 나온 여성들을 멸시하고 도덕적으로 단죄했다. 전후 사회에서 전쟁과 생계를 위해 몸 바치는 남성과 내비되는 부도덕한 여성상이 만들어졌다. '양공주', '자유부인', '유한마담' 등이 그것이고, 이들에 대한 비난과 억측이 전후 사회에 넘쳐났다. 1950년대 중반 대위 신분을 사칭하며 댄스홀 등에서 만난 미혼 여성 70여 명을 상대로 혼인빙자간음을 한 '박인수 사건'을 평계 삼아, 여성을 둘러싼 무수히 많은 담론과 규제가 작동하게 되었다. 박인수가 법정에서 "상대한 여자들 중 처녀는 단 하나였습니다"라고 진술한 것은 1심에서 그가 무죄판결을 받는 데 적지 않은 영향을 끼쳤을 것이다. "정숙한 여성의 건전한 정조만을 보호해야 할 것이다"라는 판결문 속 이유를 통해 이를 유추할 수 있다. 이렇듯 전대미문의 참혹한 전쟁으로 흔들리게 된 남성성을 지키려는 필사적인 노력이 이루어졌다.[15)]

1961년 5월 16일 박정희 육군 소장이 시도한 군부 쿠데타가 성공하면서 들어선 군사정부는 '위로부터의 공업화' 정책을 강력하게 추진했다. 세계사에서 유례가 없을 정도로 신속하게 진행된 공업화는 위로부터, 정부의 주도 아래 엄격한 규율과 통제 속에서 이루어졌다. 그 과정에서 인권이나 노동의 권리는 심각하게 위축되었다. 신속한 공업화의 성공이라는 명분하에 군사정부는 조국 건설에 목숨 바쳐 헌신하는 남성성을 호출했다. 신속한 공업화에 대거 동원된 노동자들은 높은 교육열을 바탕으로 여러 생산기술을 빨리 습득했고, 공장에 적응하는 능력도 뛰어났다. 또한 군대는 농촌적 생활양식에 익숙한 노동자들을 근대적 규율과 통제된 조직 생활에 적응시키는 데 일조했다. 가부장제적인 가족 구조는 노동자들이 대다수 공장의 권위적인 구조와 노사관계에 복종하도록 도왔다.

이런 현상은 1970~1980년대에 심금을 울렸던 여성 노동자들의 수기《공장의 불빛》이나《빼앗긴 일터》등에서 여실히 드러난다. '공순이'라는 통속어에서 드러나듯, 여성 노동자는 사회적 멸시를 견뎌야 했다. 저임금과 장시간의 고강도 노동, 그리고 군대를 연상시키는 회사의 통제와 폭력을 견디다 못한 여성 노동자들이 노동운동으로 저항할 때, 회사를 구한다는 명목으로 '구사대'를 조직해 동료 여성 노동자들에게 폭력을 가하는 남성 노동자들이 도처에서 나타났다.[16] 회사의 강압적 요구 외에도 남성 노동자의 내면에 뿌리내린 성차별적 관념과 공격적 남성성이 이런 폭력적 행위로 표출된 것이다. 남성들은 조국 상실, 내전을 통한 분단, 가난의 굴레로 인한 민족의 상처를 치유할 '진취적이고 공격적인 행위주체'로 호명되면서, 군사정권 아래 근대화 프로젝트의 주역이 되고자 했다.

경제성장과 더불어 형성된 중산층을 중심으로 가부장제, 재창조된 전통, 경제적 성공에 대한 욕망, 안정적 생존을 보장해줄 공동체에 대한 열망이 합쳐져 단란한 중산층 가정 모델이 탄생했다.

신자유주의적 세계화와 함께 소득 불평등이 강화되기 전, 1989년의 한 조사에 따르면 한국인의 75퍼센트가 스스로 중산층에 속한다는 허위의식에 빠져 있었는데, 이는 중산층 가정이 건재하다는 믿음 위에서 가능한 일이었을 것이다.[17] 그 시절 아비지들은 가족을 부양하기 위해 베트남, 중동, 독일로 떠나갔고, 이들이 외국인 노동자로서 벌어들인 피땀 흘린 돈은 가족뿐 아니라 한국의 경제 발전에 크게 기여했다고 평가된다. 그러나 이렇듯 국가에 호명된 남성성은 남성 스스로를 위한 정서적 공간은 남겨놓지 못했다. 이 시기의 아버지는 자녀들에게 '돈을 벌어오는 존재'이자 '부재와 폭력으로 기억되는 존재'가 되었다.[18]

이제는 생계부양자로 호명되는 많은 아버지들이 가족을 온전히 부양하기가 어려워졌다. 고도성장의 단계를 지나온 한국의 자본주의와 신자유주의적인 세계화의 압력 아래 많은 아버지들이 45세가 되기도 전에 직장에서 퇴출되거나 주변부 노동으로 쫓겨났다. 자영업자나 중소 상인의 상황도 점점 열악해졌다. 이제 남성들에게 생계부양자 칭호를 부여하는 것은 현실과 배치되는 상황이 왔고, 여성의 취업은 가족의 생계유지에 필요조건이 되어가고 있다. 이때 여성은 취업률이 증가했으나 영세 자영업이나 비정규직·임시직 같은 고용체계 주변부에 자리 잡았다. 여성이 함께 벌어야 가족의 생계를 유지할 수 있는 현실에서 남성 생계부양자 모델은 제대로 정착하기 어렵다. 다시 말해, 가부장적 이데올로기와 관행은 그 취약한 물질적 기반 때문에 불안하게 작동할 수밖에 없는 한

계를 드러낸 것이다.[19]

생계부양자 모델에 특히 결정적 타격을 준 것은 1997년 말 밀어 닥친 외환위기였다. 30개 대기업 중 17개가 도산했고, 1998년에만 127만 명이 일자리를 잃었다.[20] 명예퇴직과 정리해고로 불시에 직장을 잃게 된 가장들의 이야기가 연일 뉴스에 오르내렸다. 그간 한국 사회를 지배해온 경제성장에 대한 믿음이 흔들리기 시작했다. 외환 부족으로 발생한 IMF 관리 경제체제는 얼마 지나지 않아 극복되었지만, 이후 신자유주의적 세계화와 4차 산업혁명이 몰려왔다. 도처에서 일자리를 잃은 사람들의 절망적인 목소리와 심각한 경제 불평등 문제가 나타나고 있다.

그런데 이렇듯 남성들은 사회가 기대하는 성 역할, 특히 생계부양자 역할을 할 수 없게 되었는데도 여전히 남성으로서 지위를 유지할 수 있었다. 왜 그럴까? 우선 남성 중심적 헤게모니나 가부장제가 남성을 뒷받침하기 때문일 것이다. 그래서 경제위기는 남성의 위기로 재현되었지만, 정작 더 많은 고통을 감내하는 것은 여성이었다. 경제위기 때 여성의 취업이 늘어났지만 고용 불안정성과 저임금노동이 증대했다는 사실이 이를 입증한다. 그러나 남성이 부양자 역할을 제대로 하지 못하는 시기에도 남성에 의한 가정폭력은 줄지 않았다.[21]

이때 부상하기 시작한 것이 '고개 숙인 아버지' 담론이다. 돈을 벌기만 하고 써보지는 못한 아버지, 가족을 위해 인생의 즐거움을 포기한 아버지, 직장에서 격무·과로·갑질에 시달리는 아버지, 가족에게는 늘 타인처럼 대접받는 외로운 아버지 등의 언설이 난무하기 시작했다. 경제위기가 닥치자 아내들에게는 '남편 기 살리기' 과제가 주어졌다.[22] 남성의 심리적 상처를 치료해주는 '기 살리기'는 경제위기를 불러온 원인과 해결 방안을 토론하기보다는 이를 정서화하고, 남성의 고통으로 부각하며 가족화하는 방식이었다.[23] 경제적 위협 속에서 가족 간 유대와 정서적 공감이 확장되는 것은 긍정적인 일이다. 하지만 신자유주의적 자본주의 질서가 강화되는 과정에서 발생하는 빈곤과 삶의 불안정을 가족 연대를 통해 해결하려는 방식은, 소득 양극화 극복이나 공공복지의 강화 등을 통해 구조적으로 해결하는 방식이기보다는 위기 극복의 개인화에 안주하는 것이다. 이는 경제위기를 해결하는 가장 저렴한 방식일 뿐이다. 또 남자의 위기를 강조하는 담론은 실제로 남성의 위상을 강화하는 기능을 한다.[24]

이렇듯 중·장년 남성들의 직장 퇴출과 경제 양극화 심화는 가부장적인 남성 지배의 이득이 남성들에게 평등하게 분배되지 않는 현실을 잘 보여준다. 근대 이후 남성성 구축의 중핵을 형성하는 '남성 = 생계부양자' 모델이 깨지는 것이 아니라 불공평하게 배치되고 있는 것이다. 즉, 가부장제에 기초한 남성 지배의 부담과 비판은 남성 모두가 짊어지지만, 남성 지배의 이득은 일부 남성이 독식하고 있다. 이런 지점들은 오늘날 젠더 문제와 관련된 논쟁에서 사실상 외면당한다.[25]

우리는 1990년대 들어 나타난 새로운 변화에 주목할 필요가 있다. 이 새로운 변화는 1987년의 역사적 사건, 즉 시민 100만 명이 서울 시내 한복판으로 나와 시위를 벌여 군부독재를 종식시키고 민주주의의 승리를 가져온 대투쟁과 더불어 시작되었다고 말할 수 있다. 일단 우리 땅에서 최소한의 정치적 민주주의가 자리를 잡자, 일상적인 거리 풍경이 달라졌다. 거리 곳곳에 서 있던 경찰 버스와 무장한 경찰의 날카로운 눈초리, 그리고 자의적인 거리 검색과 불법 체포의 관행도 사라졌다. 정치 투쟁 일변도의 사회운동이 약화되었고, 일상적인 삶 속의 민주주의를 들여다보는 시민운동이 활발해지기 시작했다. 시민의 작은 권리 찾기, 일상 속의 평화 찾기, 생태주의, 삶의 질 등에 대한 관심이 높아졌다. 생활방식, 문화, 여가활동, 일상적 민주주의 등에 대한 높아진 열망과 함께 이념의 시대를 넘어 스스로 자아 공백을 메우고 소소한 즐거움이나 행복을 찾으려는 노력들이 시작된 것이다. 여기에는 급속한 자본주의 발전, 경제적 자유의 확대, 해외 시장의 문화와 소비 품목 도입, 소비 시장 확대와 다양화 등도 함께 작용했다.

체제 변혁을 꿈꾸고 이념 지향적이었던 이전 세대와 달리, 1970년대 후반에 태어나 1990년대에 20대를 살아간 '신세대' 혹은 '엑스 세대'는 개혁 지향적이었지만 탈이념적이었다. 이들이 새로 향유하려는 문화가 급부상하기 시작했고, 이것이 극단적으로 표현된 사례가 압구정동을 근거지로 한 오렌지족의 등장이었다. 이들보다는 경제력이 낮은 좀 더 일반적인 신세대들은 대중문화를 적극적으로 소비하거나 몰두하면서 스스로 취향과 기호를 만들어갔다. 에릭 홉스봄(Eric Hobsbawm)은 전 지구적으로 청년이 자의식적 주체로 등장하는 현상과 유별나게 강력한 청년문화의 부상을 문화 혁명으로 설명한다.[26] 오늘날 청년들은 점점 더 확산되는 SNS와 더불어 또래와 정보를 교환하고 소통하면서 취향이나 문화 공동체를 만들어가고 있다. 청년들은 대중문화나 하위문화의 생산자이자 자본주의 사회 구매력의 상당 부분을 차지하는 중요한 소비자로 성장하면서 사회적으로 큰 영향력을 지닌 존재가 된다.[27] 이런 변화들은 지금 한국에서도 빠른 속도로 진행 중이다.

아울러 1990년대에는 '외모 가꾸는 남자'의 이미지가 등장하기 시작했다. 다양한 가치들이 사회에 혼재하면서, 신체가 건장하거나 일만 하는 전통적인 남성성과는 다른 새로운 남성성, 외모를 꾸미거나 삶을 즐기는 세련된 남자 유형이 등장했다. 물론 이런 과정은 상품화 요구와도 맞아떨어졌다. 의복 스타일부터 음악 취향에 이르기까지 상품화는 끝없이 확대되었고, '강남 스타일'로 상징되는 문화를 통한 차별화된 정체성도 나타났다.[28]

신자유주의 시대 들어 고도로 발달한 소비사회에서 살아가는 20~30대 남성들은 외모 가꾸기 외에도 요리나 가사 노동의 수행에 적극적이다. 금융자본의 급격한 발전 속에서 정보력이 중요해졌고, 기업과 경영에서도 소통이나 감성이 중시된다. 이런 환경 속에서 나타난 부드러운 남성성으로의 변화는 돌봄이나 부권 행사 등을 통해 남성이 다른 사회적 관계를 맺도록 만든다. 이제 남성들은 병역 의무가 희생을 강요하면서 생애계획에 단절을 가져온다고

생각하기도 한다.[29])

　다른 한편으로 남성성에 대한 새로운 도전 세력으로서 동성애
자들이 등장했다. 1993년 한국 최초의 동성애자 인권단체 '초동회'
가 등장했고, 다음 해에는 남성 동성애자 단체인 '친구사이'와 여성
동성애자 단체 '끼리끼리'가 결성되었다. 특히 남성 동성애자, 즉
게이들의 운동은 한국 사회에 충격과 공포감을 던져주었고, 이성
애를 거부하는 이들은 엄청난 사회적 차별과 반발에 부딪혔다. 이
들은 가부장제나 그와 관련된 권력관계 속에서 가장 억압받는 존
재로 자리매김했다.

　19세기 이래로 이미 서구에서는 청결과 체통을 중시하는 부르
주아 전통에 따라 섹슈얼리티에 대한 통제가 강력했고, 그 결과로
동성애자에 대한 사회적 배제와 차별이 극심했다.[30]) 그러나 1968
년의 뜨거웠던 학생운동과 뒤이은 신사회 운동[31])의 확산 속에서
동성애자들은 자신의 모습을 드러내고 조직된 운동을 펴나갔으며
사회적 공감대를 넓혀갔다. 국가에 따라 차이는 있지만, 서구에서
동성애자에 대한 사회적 인정과 사회권 부여는 상당 정도 실현되
었다.

　한국은 인권운동 단체들을 비롯해 많은 시민들이 '개인이 선택
한 성 정체성'이라는 점에서 동성애자에 대한 사회적 차별을 반대
하는 기류가 있지만, 보수단체나 기독교 같은 종교집단을 중심으
로 대대적이고 맹렬한 반대운동도 일어나고 있다. 가장 위태로운
점은 동성애 찬반 문제가 정치화되는 현실이다. 박원순 전 서울시

장 재임 기간 중 서울시청 정문에서 진행된 기독교인들의 동성애 반대 1인 시위, 2017년 대선 당시 문재인 후보의 동성애에 대한 입장을 근거로 지속된 비난은 한국 정치의 씁쓸한 단면이다. 이제 세대와 세대 사이에서, 종교인과 비종교인 사이에서 남성성은 충돌하고 있다.

지금까지 서술한 남성성의 역사를 통해 남성성은 긴 역사적 축적을 통해 만들어졌다는 점, 때로는 서구로부터 유입되고 때로는 재전유되며 지금의 젠더 관계를 형성했다는 점을 알 수 있다. 또한 긴 역사적 흐름 속에서 서로 다른 남성성이 때로는 세대 차이라는 이름으로, 때로는 한 개인 안에서 혼재된 방식으로 존재한다. 남성성도, 남성과 여성의 관계도 불변의 것이기보다는 끊임없는 사회 문화적 형성 과정 안에 있다. 그렇기에 한국 사회에서 남성과 페미니즘의 새로운 관계 맺기는 열려 있다.

14

페미니즘이 남성을 만날 때
: 새로운 남성성을 향하여

지금 한국 사회는 곳곳에서 갈등이 일어나고 있다. 이는 현상을 유지하려는 사람들과 개혁과 변화를 기대하는 사람들 사이의 충돌로 해석할 수도 있을 것이다. 내전을 연상케 하는 이런 갈등이 가장 심각한 분야 중 하나가 남녀 관계다.

이런 현상은 수치로도 입증되었다. 2018년 12월 17일 여론조사 발표에서 문재인 대통령의 핵심 지지층으로 간주되었던 20대 남성의 지지율이 29.4퍼센트로 전 연령대 중 가장 낮게 나타났다. 이에 비해 20대 여성의 지지율은 전 연령대에서 가장 높은 63.5퍼센트를 기록했다. 또한 20대는 "가장 심각한 한국 사회 갈등"으로

"젠더 갈등"(57퍼센트)을 꼽았다. 이 두 가지 통계가 "20대 남녀의 현 정부에 대한 지지율 차이가 젠더 갈등 때문"이라는 프레임을 만들어냈다. 20대 남성의 지지율 저하를 젠더 문제로 환원한 채, 낮은 지지율의 복잡한 원인들을 꼼꼼히 분석하려는 시도는 생략한 채로 갈등만 부추겨졌다.[1] 또한 남성들은 젠더 갈등이 터졌을 때, 문재인 대통령이 억울한 남성의 목소리에 귀 기울이기보다 여성 편을 든다고 생각했다. 그 사례로 "미투가 여성의 입장만 반영되는 쪽으로 변질되는 측면"이나 이수역 폭행 사건 때 "양쪽이 잘못했는데도 정부가 여성의 입장만 반영한 점"을 들었다.[2] 이렇게 젠더 문제는 정치성을 띤 의제가 되었다.

젠더 갈등 요소만으로 보자면 여남 모두 양극단에 서 있는 것처럼 보인다. 20대 남성 사이에서 여성혐오는 이미 경계를 넘어 극단화되고 있다는 주장도 나온다. 여성혐오는 세계 곳곳에서 일어나는 현상이지만, 유독 한국 사회에서 보다 심각한 현상으로 나타나고 있다. 이는 청소년들 사이에서도 그대로 재생산되고 있어 걱정스럽다. 가칭 '청소년 페미'들은 학교에서 자신의 주장과 신념을 알리거나 어떤 행동을 하는 데 극도의 공포를 느끼며, 그래서 '페미'로 커밍아웃 하는 일을 두려워하고 있다.[3]

반면 한국의 젊은 남성들은 스스로가 피해자임을 적극 내세운다. 가뜩이나 취직이 어려운데, 여자들은 학원에 가거나 도서관에 앉아 취업 준비를 하는 동안 자신들은 군대에서 머리를 녹슬게 만들며 인생을 낭비해야 한다고 분개한다. 그래서 2017년 청와대 정책 청원 사이트에는 20만 명이 넘는 사람들이 여성 징병을 요구하는 청원에 참가했다.[4) 이런 현상들은 2000년대 한국의 청년 세대가 남성성에 대한 신파적 향수와 페미니즘에 대한 반동으로 무장한 것처럼 느끼게 만든다. 여기에 보수적인 미디어까지 여성 페미니스트들을 끊임없이 '남성혐오자'로 몰아세우고 있으며, 내심 페미니스트는 레즈비언이라는 생각을 보이기도 한다.[5)

그러나 다른 한편에서는 남성도 변해야 한다는 자각과 함께, 남성 페미니스트도 나타나고 있다.[6) 젠더 갈등과 관련해 여남이 공존할 수 있는 좀 더 대안적인 젠더 관계를 모색하려는 노력들에 주목해야 한다. 최태섭의 《한국, 남자》나 강준만의 《오빠가 허락한 페미니즘》에서 잘 드러나는 대로, 몇몇 남성 저술가들은 한국 남성에 대해 연구·분석하고, 자성적인 비판과 함께 대안을 찾고자 시도한다.[7) 이들의 자성적인 말하기는 대안적인 젠더 질서로 가는 교두보가 될 수 있다.

페미니즘도 성 평등의 실현 과정에 남성을 참여시킬 새로운 전략을 개발해야 한다. 특히 가부장제 사회에서 남성들이 겪은 고통이나 번민을 새로운 변화의 동력으로 이끌 수 있는 촉매제를 제공해야 한다. 남성들 또한 성차별 이데올로기를 수동적으로 수용하도록 사회화되었기에 페미니즘이 무엇인지 정확하게 이해해야 하고, 이런 점에서 남성의 페미니즘 의식화가 중요하다. 오랜 역사적인 축적 속에 켜켜이 쌓인 성차별주의적 이데올로기는 남성을 세뇌시켜서, 예를 들면 일상에서 아내에게 자주 폭력을 휘두르는 남편으로 하여금 그러한 폭력이 아무런 이득이 없는데도 필요하다고 믿게 만들었다. 성차별적 억압 메커니즘을 유지하고 행사하는 주된 행위자는 남성들이므로 그들이 자신의 의식과 사회 전체의 의식을 바꾸는 책임을 짊어져야 성차별은 사라질 수 있다.[8]

이렇게 남성과 함께 가는 페미니즘을 실현하기 위해서는 여러 전략적 실천이 필요하다. 여성해방을 지지하는 남성 중에는 경직된 성 역할이 자신에게 이익이 되지 않아서 그런 입장을 선택하기도 한다. 따라서 페미니즘은 남성 역시 남자다움의 부담에서 해방될 수 있는 사상인 점을 설득해야 한다. 이를 돕기 위해 13장에서 남성의 역사를 서술했다. 왜, 어떻게 지금의 남성성이 형성되었는지 인식하는 것은 남성성의 내면에 얽힌 이해관계와 한계성을 들여다보게 해준다. 더불어 남성성의 의미를 구성하고 담론적으로 실천하는 데 여성과 남성이 함께 참여해야 한다. 이를 위해서는 페미니즘을 옹호하는 남성들이 좀 더 큰 소리로 말해야 한다.

근대 민주주의의 정전이라 할 수 있는 프랑스혁명의 인권선언은 '남성 시민의 인권선언'이었다. 프랑스어로 인권선언은 'Déclaration des droits de l'Homme et citoyen'인데, 이를 정확히 번역하면 '남성과 시민의 인권선언'이다. 물론 남성은 보편명사로 '사람'을 의미한다고 항변할 수 있다. 그러나 프랑스혁명 이후 오랜 기간 인권선언은 실제로도 남성만을 위한 것이었다. 여성에게는 재산권은 물론 선거권이나 피선거권도 없었으니 말이다. 이제 우리는 삶의 곳곳에서 '남성 일반'을 보편으로 상정하는 의미 구성이 가부장제적 이데올로기와 헤게모니를 유지하는 토대가 되었음을 인식하고, 보편성 일반에 대해 재정의해야 한다.[9) 페미니즘은 남성이 독점해온 보편성의 의미 구성과 언어를 문제시하고, 그간의 보편성이나 보편적 언어가 일부 집단을 위한 것, 즉 '지식의 맥락성과 국지성'이 있음을 드러내야 한다.[10)

우선 중성으로 가정되는 추상적 개인은 항상 남성성으로 코드화되었음을 비판하고, 새로운 보편주의를 통해 개인을 다양한 방식으로 재정의해야 한다.[11) 나아가 우리가 신봉하는 이데올로기인 민주주의·자유·평등이 한국 사회에서 과연 남성과 여성에게 동일하게 적용되고 있는지, 어떤 주장이나 정책이 어떻게 성별·세대·민족성 등에 따라 달리 적용되고 있는지를 묻는 것은 우리가 신봉하는 보편주의와 이를 둘러싼 지식을 끊임없이 되묻고 성찰하는 일이다.

벨 훅스는 페미니즘을 지지하는 남성들이 지닌 '페미니즘 남성성'을 거론해야 하고, 그것이 무엇인지를 명확히 이해시켜야 한다고 주장한다.[12) 그간 페미니즘 이론이 남성을 향해 좀 더 적극적으로 해방적인 비전을 보여주었다면, 페미니스트와 남성의 연대가 더욱 두텁게 발전했을 것이다. 여성과 남성 페미니스트들은 '페미니즘 남성성'이 널리 수용되는 세상을 만들 수 있도록 보편적인 담론을 개발해내고, 이를 효과적으로 실행할 수 있는 새로운 전략도 개발해야 한다. 아울러 페미니스트 교육에 좀 더 적극적으로 개입해야 한다. 유엔이 시도하듯이 소년과 남성을 끌어안으면서, 소녀와 여성이 바라는 모든 권리를 소년과 남성도 함께 누려야 한다는 점을 강조해야 한다. 특히 남자 청소년들에게 말을 걸어 성차별주의에 근거하지 않은 정체성을 키울 수 있도록 해주어야 한다.[13] 성차별주의를 넘어설수록 더 평화롭고 더 행복해질 수 있다는 점을 설득해야 한다.

이러한 맥락에서 벨 훅스는 흥미로운 제안을 한다. 페미니즘이 사랑에 대한 좀 더 보편적인 담론을 만들어내자는 것이다. 사랑에 대한, 이성애에 대한 긍정적인 페미니즘 담론을 만들어내지 못했기 때문에 가부장적인 대중매체가 페미니스트 운동이 증오를 뿜어낸다고 계속 비난받도록 만들었다는 것이다. 여성도 남성도 페미니즘을 통해 진정한 사랑, 현명한 파트너 관계를 찾아갈 수 있다는 생각을 퍼뜨려야 하고, 이를 통해 페미니즘의 미래 비전을 열어가야 한다. 여성과 남성이 모두 페미니즘의 사고와 실천을 수용한다면, 둘 사이의 정서적 만족과 행복은 훨씬 깊어질 수 있다는 공감대를 넓히는 것도 중요하다.[14] 특히 페미니즘이 여성의 인간다운 삶만이 아니라 사회적 약자나 소수자의 행복도 함께 추구한다는 사실을 환기하면 이러한 논리는 더욱 설득력이 있을 것이다.

한 가지 아쉬운 점은 다층적인 페미니스트들과 진보 세력의 파트너십 구성이 여의치 않다는 것이다.[15] 성 평등 실현을 위해서는 통합적인 젠더 관점이 필요하고, 기존의 사회구조를 넘어서는 대안체제의 모색이 필수 불가결하다. 이에 페미니스트와 진보적인 남성의 단단한 연대가 중요하다. 그러나 현실에서 나타나는 구체적인 모습을 들여다보자. 많은 진보 인사들이 평소에는 높은 인권 의식을 보여주며 차별에 분노하는 괜찮은 사람이지만, 자신이 중요하다고 여기는 가치나 정치적 입장과 페미니스트들의 주장이 충돌할 경우 반페미니스트로 돌변하는 경우가 적지 않다. 고은, 안희정, 이윤택 등 진보 세력 내 일부 명사들의 성희롱이나 성폭력 사건을 두고 '미투 음모설'로 반응하는 이들에 대해 페미니스트들은 크게 실망했다.

강준만은 진보 남성들 내면에 뿌리내린 '가치 서열화'를 언급한다. 달리 표현해 한국 사회의 진보 세력이 지닌 '정치종교'의 문제점을 지적하는 것이다. '정치종교'는 정치의 본질에 대한 합리적 성찰보다는 자신이 믿는 정치 관점을 맹신하는 태도를 일컫는다. 예를 들어 문재인 정부를 비판하는 모든 행위를 반역 또는 철부지 행동으로 간주하고, 이에 대해 집중 공격을 가하는 방식이다.[16] 이에 대해 정희진은 "미투는 여성운동의 성과이자 한국의 남성 문화가 내부에서 다른 남성들조차 버틸 수 없을 만큼 조직의 지속가능성을 상실했다는 것을 의미한다"고 일갈한다.[17] 더 나아가 한국 남성들이 가부장제 사회에서 요구되는 '보호자', '용기', '독립성', '생계부양자'와 같은 남성적 규범도 갖추지 못했다고 규정한다. 그래서 한국의 진보 남성 엘리트들이 젠더 관점을 갖추지 못하는 한어떤 정의도 실현될 수 없다고 말한다.[18] 자랑할 만한 한국의 민주화운동의 역사 속에서 진보 세력은 개인의 이익보다는 사회개혁을 위해 헌신했지만, 그 투쟁과 고난의 역사를 통해 획득한 도덕적 자긍심이 선악의 이분법과 더불어 그들 스스로를 독선과 자만의 틀에 가두도록 한 것은 아닌지 페미니스트들은 묻고 있다.[19]

2018년 1월 한 검사의 폭로로 격렬하게 불붙은 미투운동에 정부가 진지하게 대응했고, 이후 양성평등기본법 개정이나 디지털성범죄피해자지원센터와 같은 장치가 마련되면서 여성의 안전 문제 개선에는 상당한 진전이 있었다. 그러나 정책이 현실로 집행되는 복잡한 과정 속에서 성 평등 관점으로 보면 공백이나 모순점이 발생할 수밖에 없다. 따라서 페미니스트들은 평가와 비판을 통해 시정을 요구해야 하는데, 이 과정에서 고위 정치 지도자의 젠더 불감증이 많은 난관을 유발하기도 한다. 여성들은 이들을 향한 비판의 목소리를 계속 보내야 한다.

진보 진영의 정치가나 지식인 집단과 달리, 보통 시민들의 인식은 달라지고 있다. 2018년 2월 27일 한국언론재단이 성인 남녀 1063명을 대상으로 벌인 온라인 설문조사에서는 응답자의 88.6퍼센트가 미투(Me Too)·위드유(With You) 운동을 지지한다고 밝혔다. 이렇듯 변화된 현실은 지금까지의 편협한 보수-진보 프레임이나 민주-반민주 프레임으로 한국 사회의 뒤틀린 젠더 현실을 정당화할 수 없으며, 시민적 정서에도 부응할 수 없음을 보여준다. 이제 페미니스트들은 우리 삶 속에 모세혈관처럼 스며든 미시 권력이나 반민주적 관행을 세심히 들여다볼 것을 요구한다.

미투운동에서 시작된 한국 사회의 변화는 일터와 일상의 민주주의를 요구하고 있다. 강준만은 한국 사회가 제2의 민주화운동을 필요로 하는 시점에 이르렀다고 주장한다.[20] 이제는 어떻게 새로운 내용으로 권력을 잡을지 고민하는 동시에 "제1의 민주화운동에 헌신했던 역전의 용사들 중 상당수를 개혁의 대상으로 삼지 않을 수 없는 일"이 벌어졌다는 것이다.[21] 이제 진보적인 남성도 '미투 음모론'이나 '정치종교'의 진영 논리에서 해방되어야 한다. 메갈리아에서 미투운동에 이르기까지 짧지만 격정적인 과정을 거치면서 여성들도 "그간 오빠의 말을 듣거나 타협하면서 해온 페미니즘은 결코 페미니즘이라 할 수 없는 것"이라는 깨달음에 도달한 듯하다.[22] 이는 '오빠가 허락한 페미니즘'의 경계선을 넘는 일이고, 좀 더 깊은 문화혁명을 요구하는 정언이기도 하다.

이런 맥락에서 대안적인 젠더 질서 모색과 관련해 과거 페미니스트의 사상, 운동 방식, 전략에 대한 자기비판도 제기되고 있다. 벨 훅스는 페미니즘 운동을 '여성의 일'로 여기는 분위기를 몰아간 사람들은 남성이 아니라 자유주의 페미니스트임을 지적했다. 이들은 여성은 희생자, 남성은 억압자로 이해하면서 페미니즘 운동이 증오에 찬 반남성적 태도를 갖도록 유도했다는 것이다.[23] 자유주의 페미니스트들은 분리주의 전략을 선택했는데, 이는 젠더 관계에 양극화가 뿌리내리도록 했다. 백인 중산층 여성이 중심이 되었던 까닭에 분리주의는 당시 부르주아 계급의 시각을 반영했다.[24] 많은 권력과 재산을 소유한 채 이를 나누지 않는 부르주아 남성을 적으로 강조하다 보니, 페미니즘은 남성 우월주의자의 지배를 여성 우월주의자의 지배로 대체하려는 운동이라고 오인하도록 만들었다는 것이다.[25] 그 결과, 일상생활에서 소소하게 남성과 접촉하며 여성과 남성의 관계를 개혁해나가고, 함께 성차별을 인지하며 성 평등을 학습할 수 있는 방안을 비켜가고 말았다고 지적한다. 또한 이들의 분리주의적이고 과상된 논리가 남성의 성차별 억압에 대해 적극적으로 투쟁하지 않은 여성의 책임성을 경시하는 결과를 초래했다는 것이다.

앞서 언급한 벨 훅스의 입장은 첨예한 인종주의적 차별과 빈곤이 교차하는 미국적 현실에 입각한 주장이지만, 이는 소득 불평등 심화, 세대 간 불평등, 차별받는 이주 여성, 외국인 노동자, 빈곤의 여성화 등이 교차하는 한국의 현실에도 대입할 수 있는 가설이다. 그의 주장은 한국 사회가 청년들이 당면한 '헬조선', 격렬하게 진행된 미투운동, 첨예한 젠더 갈등을 해결하고, 성 평등한 민주주의 사회를 실현하기 위한 출로를 찾는 데 여러 시사점을 주고 있다.

15

휴전선을 넘는 여성들
: 왜 평화를 이야기해야 할까

북한이 미사일이라도 한 방 쏘면, 나는 독일 친구들로부터 전화를 받는다. 유학 생활을 했고 이후 사료를 수집하기 위해 꾸준히 독일을 방문하면서, 우리의 우정도 40년 넘게 이어지고 있다. 그들은 뉴스를 보고 나의 안전을 염려하며 전화를 건다. 샌프란시스코에 사는 내 사촌동생의 어린 아들들은 한국을 한번 방문하라는 나의 말에 눈을 동그랗게 뜨고 "전쟁 날지 모르는데, 어찌 가나요?"라고 되묻는다. 이는 보통의 외국인들이 한국을 바라보는 시각이다. 가끔 한국을 방문하는 유엔이나 서구의 NGO 관련 활동가들은 이렇게 평화가 위협받는 나라에서 (여성)평화운동이 활발히 일어나지 않는 사실을 기이하게 생각했다.

분단국가이자 이렇듯 늘 군사적 긴장이 반복되는 나라에서 살면서도 그간 페미니스트들은 평화에 대해 별로 진지하게 고민하지 않았다. 이는 한편으로 '평화 문제'가 우리의 일상과는 거리가 먼 추상적인 문제로 다가왔기 때문일 것이고, 다른 한편으로는 여성의 일상생활에서 성희롱이나 성폭력 같은 심각한 성적 억압이 늘 벌어지는 가운데 열악하고도 참혹한 현실이 상시적으로 드러났기 때문일 것이다. 이런 화급한 현안들에 대응하느라 평화 문제로까지 눈을 돌릴 여유도 없었을 것이다. 그러나 이제라도 페미니스트라면 평화에 대한 질문을 던져야 한다. 왜 여성은 평화를 말해야 하는가?

지금까지 전쟁은 남성이 겪어야 하는 운명으로 여겨졌다. 남성은 전쟁을 일으키고, 전쟁에서 싸우고, 전쟁에서 죽는다. 그래서 우리는 전쟁은 남성성의 산물이고 남성이 주역을 담당하는 것으로 생각했다. 그러나 전쟁은 여성의 삶과도 직결되어 있다. 20세기에 전쟁에서 죽은 사람은 1억 4000만 명이었는데, 이는 1500년 이래 전쟁으로 사망한 사람의 3분의 2에 해당한다. 역사가들은 1914년 제1차 세계대전을 기점으로 총력전(total war)의 시대가 시작되었다고 말한다. 이때부터 전쟁에서 죽은 민간인의 숫자가 군인보다 많아지고, 해를 거듭할수록 민간인은 전쟁의 실제적인 피해자가 되어가고 있다. 1990년대에 일어난 전쟁에서는 희생자의 90퍼센트가 민간인이었다.[1) 마찬가지로 총력전의 시대에는 전투력 못지않게 물자 공급 능력이 전쟁의 승패를 좌우하면서, 후방에 있는 민간인의 역할이 훨씬 중요해졌고, 여성의 노동력이 필수 불가결해졌다.

민간인의 다수는 어린이, 노인, 여성으로 이루어져 있다. 전시에 남성이 떠난 생산 현장과 가정을 지켜내는 것은 여성이다. 피난민이 된 여성들은 어린이, 노인, 병자를 돌보고 생계 문제를 책임지는 해결사가 된다. 전시일수록 가정폭력과 성폭력은 현저히 증가하고 여성은 속절없이 그 피해자가 된다. 전쟁으로 인한 환경 파괴 피해에 대처해야 하는 것도 여성이다. 유엔 환경회의가 열릴 때마다, 수자원이 마르고 숲이 파괴된 곳에서 가족의 생계를 위해 물을 길어오거나 땔감을 마련하는 데 하루 6시간 이상을 소모하는 아프리카 여성과 아동의 호소는 늘 가슴이 아팠다.[2) 그뿐인가? 전쟁이나 그 준비에 들어가는 군사비는 인간다운 삶을 위해 지급되어야 할 사회복지 비용을 줄이는 부정적 효과도 가져온다. 복지비 축소는 돌봄 노동을 부담하고 가족의 생계유지를 책임지는 여성들의 삶을 더욱 피폐하게 만든다.

이렇듯 원론적인 이야기이자 세계 어디에나 통용되는 보편적 현실을 거론하지 않더라도, 한국 여성이 평화 문제에 대해 더 높은 감수성이 필요한 이유는 충분하다. 제2차 세계대전의 종결과 함께 조선은 식민지에서 해방되었으나, 강대국의 이해관계에 따라 자의적으로 분단되었고, 그 3년 후에는 한국전쟁을 겪었으며, 이 과정에서 동족끼리 죽고 죽이는 살육전이 벌어졌다. 이 전쟁으로 인한 사상자는 한국군 약 90만 명, 연합군 약 42만 6000명, 북조선 인민군

약 60만 8000명, 중국군 약 50만 명에 이르렀다. 민간인 희생자는 거의 200만 명이 넘었고, 이산가족은 1000만 명에 달했다.[3]

70년 넘게 분단사회가 이어지면서 이는 남북한 사회에 깊은 상처 자국을 남기고 있다. 분단은 군사구의가 횡행하는 사회를 불러왔다. 1960년 이후 27년간 권위주의적 군부독재 정권과 반공주의 열풍이 휘몰아쳤고, 정치·사회 영역뿐 아니라 일상생활에서도 민주주의는 온존하게 자리 잡기 어려웠다. 내가 대학에 입학한 1971년 당시는 장발과 미니스커트가 유행하던 시대였다. 거리에서 경찰의 불시검문에 걸리면 남성은 귀밑으로 머리가 몇 센티미터 내려오는지, 여성은 미니스커트가 무릎에서 몇 센티미터 올라가는지 확인해주어야 했다. 기준을 어긴 사람은 며칠 동안 경찰서 유치장 신세를 졌다. 엄혹한 군부 정치 아래 만들어진 12시 통금시간에 맞춰서 집에 도착하는 일은 얼마나 가슴을 졸이게 만들었는지 모른다.

군사주의는 폭력적인 군대 문화와 함께 가부장적 남성성을 강화했다. 한국의 젊은 남성들은 군대에서 힘의 논리와 권위주의에 적응하며 복종을 배웠고, 고된 훈련과 긴장을 해소하기 위한 도구로써 상품화된 성을 매수하기도 했다. 정확히는 강요받기도 했다. 불과 십수 년 전까지도 남성들 사이에서는 입대하는 친구를 위해 송별 파티를 열어주고 돈을 모아 성매매 업소로 보내주는 관행이 있었다고 한다. 성매매 경험이 없는 신병이 무시당하거나 괴롭힘을 당할까 봐 염려한 우정의 표식이었다. 이 정도면 한국의 청년들도 군사주의의 희생자임을 부인할 수 없다. 군부대 주변에 산재한 성매매 업소를 기억해보면, 한국의 병역제도가 (때로는 인신매매와 결합된) 성 산업을 양산하는 데 크게 기여했음을 의심하기 어렵다. 2004년 페미니스트들의 치열한 투쟁을 통해 성매매방지법이 제정된 이후 성매매는 조금씩 규모가 줄어들고 있지만, 그 폐해의 잔영은 곳곳에 남아 있다.

군사주의 문화가 불러오는 또 다른 피해는 다른 나라보다 훨씬 높게 나타나는 가정폭력과 성폭력의 비율에서도 감지된다. 우리 사회 곳곳에, 일상생활의 미세한 공간까지 뿌리내린 폭력성이나 갑질 관행, 그리고 팽배한 권위주의도 분단사회에 내면화된 군사주의 문화와 연루되어 있다.

또한 남과 북은 끊임없는 군비경쟁의 악순환에 빠져 있다. 2020년 한국의 국방 예산은 50조 1527억 원인데, 이는 전년에 비해 7.4퍼센트 증가한 것이다. 이 추세대로라면 2026년에는 일본의 방위 예산을 뛰어넘게 된다. 2017년만 해도 국방 예산은 정부 재정의 14.7퍼센트를 차지했다.[4] 이 엄청난 비용이 국민 복지, 특히 여성·아동·노인을 위해 쓰였다면 우리는 더 인간적인 삶을 누릴 수 있었을 것이다. 이런 폐해들을 분단 비용이라 말한다. 이로써 평화는 여성과 거리가 먼 추상적인 문제가 아니라는 사실을 알 수 있다. 요즘 페미니스트들이 평화 문제에 관심을 두기 시작한 것은 지금 이 순간도 우리가 치르고 있는 높은 분단 비용 때문이다.[5] 분단 비용에서 가장 많이 차지하는 항목은 아마 세계적으로도 높다고 손꼽히는 국방비일 것이다.

그러나 이런 물량적인 손실 외에도 우리 사회 도처에는 분단 때문에 발생하는 보이지 않는 비용들이 있다. 여성을 향한 폭력이라는 눈에 보이는 손실 외에도 과두한 약육강식이 경쟁사회 분위기가 조장된다는 점, 토론보다는 복종을 강요하는 군사주의적 관행에 이르기까지 부작용이 많다. 불과 십수 년 전만 해도 "2등은 아무도 기억하지 않는다"라는 기업의 전면광고[6]가 일간지에 버젓이 실렸던 시절을 우리는 살아왔던 것이다. 우리는 삶 곳곳에 모세혈관처럼 퍼져 있는 군사주의 문화를 평화의 문화로 바꾸지 않는 한, 여성과 남성 모두에게 성 평등한 사회가 실현되기 어렵다는 한국적 현실을 자각할 필요가 있다. 그래서 평화문화를 확대하기 위한 실천은 여성들 내면에 뿌리내린 비평화적 사고와 스스로 싸우는 것이자, 사회의식과 문화 전체를 바꾸는 행동이다.

1981년 영국에서 여성이 주도해 일어난 그린엄 커먼(Greenham Common) 기지 반대운동은 1983년 4월 행사에 7만 명이 집결했다. 여성들은 버필드 군수공장까지 23킬로미터의 인간 사슬을 만들었고, 결국 1991년에 기지는 폐쇄되었다. 어머니로서 자녀와 미래 세대를 지키고자 했던 행동은 반핵평화운동의 상징이 되었다. 마찬가지로 이 시기 서독에서 일어난 미국의 중거리 핵미사일 배치 반대운동에는 100만 명이 참여했는데, 이런 역사적 사건에서 집단 행동의 중요한 주체는 여성이었다.[7] 군사기지나 핵미사일은 군사비 지출이 많을 뿐 아니라 무력 갈등의 가능성을 높이기 때문에 격

럴히 반대한 것이다.

분단사회가 수반한 병리적 현상의 피해자는 여성과 남성 모두이다. 그러나 좀 더 직접적인 피해자는 여성일 것이다. 사회는 여성이 겪는 가부장적 직장 문화, 성희롱과 성폭력 피해 등을 단순히 가해자 개인의 왜곡된 행위로 받아들이는 경향이 있다. 그러나 이는 오랫동안 축적된 군사주의 문화에서 기인한 것이기도 하다. 바로 여기에서 우리는 여성이 평화체제 실현에 적극 동참해야 할 이유를 발견한다. 평화 실현은 급진적인 페미니스트나 여성 명망가만의 과제가 아니라 평범한 여성 시민이 함께 참여해야 할 운동이다.

2001년 9·11 사태 이후 미국이 주도한 테러와의 전쟁은 한국의 페미니스트도 반전평화운동의 장으로 나오게 했다. 2003년 이라크전 참전 반대운동, 파병 대상이 비전투요원에서 전투요원으로 확대되면서 일어난 파병철회운동에 페미니스트도 적극 참여했다. 또한 22개 여성단체들로 이루어진 '전쟁반대여성행동'이 '전쟁중지와 평화적 해결을 촉구하는 여성평화침묵시위', 1인 시위, 토론회, '여성평화퍼레이드' 등을 개최하며 반전평화운동을 평화 감수성 개발운동으로 바꾸어가려 노력했다. 이 과정에서 페미니스트는 그간의 시위 문화나 운동 방식의 변화를 시도하며 좀 더 평화적인 시위와 집단토론의 방식을 개발하고자 했다.[8]

그 외에도 페미니스트들은 전쟁과 군사주의로 인한 폭력의 희생자를 지원하고, 그들의 고통을 망각에서 건져내려는 '기억의 정치'를 추진하고 있다. 우선 일본군 성노예 문제를 전 세계에 알리고 피해자를 지원해온 한국정신대문제대책협의회 활동을 들 수 있다. 그 외에도 경기여성단체연합을 비롯한 여성단체들은 지역의 22퍼센트가 군사기지인 경기도의 현실에 맞서며, 이제는 늙고 가난과 질병에 시달리는 기지촌 여성을 지원하는 활동을 전개하고 있다. 포주의 착취와 미군의 폭력에 시달리던 기지촌 여성의 인권을 회복하려는 과거의 운동 방식과 다른, 또 다른 방식의 운동을 시작한 것이다. 이 운동의 성과는 2020년 5월 19일 '경기도 기지촌 여성 지원 등에 관한 조례' 제정을 이끌어냈고, 기지촌 여성들의 생활 안정, 복지 향상, 트라우마 치료 등을 지원하는 사업으로 나타나고 있다.[9]

한국의 여성운동은 북핵 문제 관련 6자회담 당사국인 미국·일본·중국·러시아 여성들에게 한반도와 동북아 평화를 위한 여성들의 국제연대활동에 동참해달라고 요청하기도 했다. 이는 2001년 10월 31일 유엔 안전보장이사회가 채택한 '여성·평화·안보에 관한 유엔 안보리결의안'(이하 'UNSCR 1325호')에 대한 기본적인 합의가 있었기 때문에 가능했다. UNSCR 1325호는 여성과 평화에 관한 유엔 최초의 결의안이다. 세계 곳곳에서 발생하는 갈등과 전쟁에서 여성이 겪는 피해와 고통에 주목하고, 갈등 해결과 평화 실현 과정에서 여성의 동등한 참여와 완전한 개입의 중요성을 강조한다. 2004년 유엔의 코피 아난 사무총장은 회원국들에게 UNSCR 1325호 이행을 위한 국가행동계획을 마련하도록 요청했다.

한국 정부는 UNSCR 1325호를 지지했지만 국가행동계획을 채택하기까지는 시간이 걸렸다. 진보적인 여성단체들은 지속적으로 국가행동계획 수립을 촉구했고, 2012년 6월에 UNSCR 1325호 국가행동계획 수립 촉구 결의안이 국회를 통과했다. 2014년 6월, 한국 정부는 UNSCR 1325호이 채택된 지 14년 만에 유엔 회원국 중 45번째로 국가행동계획을 발표했다.[10] 이 과정에서 페미니스트들은 계획 수립을 압박하고, 정부 부처 간의 긴밀한 협력뿐 아니라 여성계나 시민사회와의 거버넌스 구축을 요구했다. 또한 여성단체들은 국가행동계획을 이행할 수 있는 법과 제도를 실질적으로 추진하도록 요구하며 감시하는 역할을 하고 있다.[11] 이를 위해서는 정부들마다 명시적 목표로 '성 평등한 한반도'를 밝히도록 해야 한다.[12]

분단사회에서 횡행하는 군사주의 문화에 저항하기 위한 페미니스트들의 활동 중 주요한 대중적 영역은 평화교육이다. 여성단체들은 평화교육 교재를 개발하고, 강사를 교육하며, 활성화를 위한 워크숍을 개최했다. 특히 이 과정에서 진보적 여성단체들은 '갈등해소와 관용교육'을 국내 최초로 도입하고 확산했다는 점에서 중요한 기여를 했다. 북유럽 국가나 미국 등에서 시도되고 있었던 갈등해결(conflict resolution) 훈련은 개인이건 집단이건 갈등 당사자들이 대화·중재·협상으로 합의하도록 학습하는 과정으로, 서로가 수용할 수 있는 문제 해결을 통해 관계 회복을 달성하는 방식이다.

여성에게 평화교육을 하기 위해 시작된 운동은 이후 확산되어 학교나 경찰에서 폭력 사건 피해자와 가해자 사이의 갈등을 조정·

화해시키는 프로그램으로 발전했다. 갈등 해결 교육을 훈련받은 페미니스트들은 학교나 경찰에서 갈등 조정자 역할까지 맡게 되었다. '평화를만드는여성회'가 설립하고 현재는 독립기구로 활동하는 갈등해결센터는 전문적인 평화교육기관으로 성장했다. 갈등해결센터는 여성단체들의 갈등 해결 훈련과 평화교육 활성화는 물론, 시민사회 전체의 평화교육 확산에도 크게 기여했다. 갈등 해결 교육은 학교폭력과 관련해 피해자와 가해자, 그 가족들 간의 갈등을 중재하는 데 큰 역할을 했다. 경찰이 공정한 처벌에 힘쓴다면, 이 교육은 대화를 통해서 양측에게 비평화의 의미를 이해시키고, 이후 상호 화해와 공존을 가능하게 하는 방안을 이끌어낸다고 할 수 있다.

앞서 언급한 여러 사업에서 잘 드러나듯, 페미니스트들은 평화운동의 정체성을 새로이 구성하고 주체적 역량을 강화하기 위해 적극적으로 활동했다. 특히 여성의 평화통일운동은 다른 통일단체와는 달리 '적극적 평화(positive peace)'의 개념에 입각해 운동 방식과 내용을 결정했다. 우리가 흔히 말하는 '평화'는 소극적 개념에서 출발한다. 즉, 전쟁과 폭력이 없는 상태를 뜻한다. 그러나 적극적 평화는 물리적 폭력뿐 아니라 구조적 폭력과 잠재적 폭력에 대한 반대까지 포함한다. 인종차별주의, 성차별주의, 착취로 인한 가난, 군비경쟁과 군사주의 문화, 소수자에 대한 사회적 차별과 소외 등이 이러한 구조적·잠재적 폭력에 해당한다. 평화교육자 힉스(David Hicks)는 1993년에 발간된 책에서 해마다 약 4000만 명이

기아와 그로 인한 질병으로 죽어간다며, 이 숫자는 매일 점보제트기가 300대 넘게 충돌해 탑승자 모두가 사망한 경우와 같다고 주장한다. 또한 미국 공군의 단독 예산은 일본을 제외한 아시아, 아프리카, 라틴아메리카의 12억 어린이를 위한 교육 예산보다 많다고 지적한다. 바로 이런 점들이 페미니스트가 적극적 평화를 거론하는 이유이다.[13]

적극적 평화를 거론하는 페미니스트들은 전쟁 없는 사회를 만들기 위한 노력 못지않게, 일상생활 속 평화를 강조하며 확산시키기 위해 꾸준히 노력하고 있다. 이는 우리 일상에 깊이 스며든 비평화를 읽어내는 날카로운 감수성을 기르고, 이를 찾아내 문제시하며, 해결을 위해 적극적인 노력을 기울이는 것이다. 학교폭력, 직장에서의 갑질 행위, 여성혐오 등은 모두 일상에서 평화문화가 부재한 것과 깊은 관련이 있기에 평화문화의 실현이 시급하다. 아울러 이는 한국 사회에서 민주주의를 심화시키는 과정이기도 하다. 일상에 민주주의가 정착하지 않으면 평화도 뿌리내릴 수 없기 때문이다. 그러나 평화운동을 대중화하는 데는 많은 어려움이 따른다. 여전히 전문가나 활동가 중심이며, 여성 대중이 폭넓게 참여하기에는 한계가 있다. 페미니스트들의 평화 만들기 운동은 갈 길이 멀다.

또한 우리 사회에도 페미니스트 세대 간에 간극이 있는 만큼, 평화운동의 방식과 관심의 방향을 둘러싸고도 차이가 발생할 수 있다. 평화운동의 층이 두텁지 않아 다른 영역에 비해 세대 간 구분선이 뚜렷하지는 않지만, 관심 방향에는 조금씩 차이가 있다. 과거 민주화운동 세대라 할 수 있는 장년 세대와 노년 세대가 주로 안보나 남북문제, 통일 등에 집중했다면, 이제 평화운동의 우산 아래 청년 세대들의 관심은 병역거부, 수수자, 동물권, 성 평등 같은 다양한 분야로 확대되고 있다. 운동의 영역 외에도 운동에 대한 인식이나 접근 방식에 차이가 있겠지만, 아직은 크게 드러나지 않고 있다.[14] 이렇듯 차이가 예상되면서도, 청년 세대가 평화의 개념을 일상으로 확장해가길 원하는 세대라는 점을 고려했을 때, 이미 십수 년 전부터 일상 속 평화 실현을 강조해온 여성평화운동은 오히려 세대를 연결하는 교두보 역할을 하게 될 수도 있다.

16

여성을 위한 통일
: 새로운 시대의 '잃은 자'가 되지 않으려면

해방 이후 한국 사회에서 통일운동은 치열하게 진행되어왔다. 1987년의 민주화를 이끌어낸 민족민주운동과 학생운동은 분단 현실의 극복과 통일을 위한 활동을 힘차게 전개했고, 이는 민주화운동 활동가들에게 용공 세력이라는 낙인뿐 아니라 많은 고문과 투옥의 고통을 가져다주었다. 이들의 희생과 헌신에 대해 나는 깊은 존경의 마음을 보낸다.

그러나 한국의 통일운동은 민족주의적 성향도 강하고, 남성 중심적이었다. 에릭 홉스봄은 책《1780년 이후의 민족과 민족주의 (Nations and Nationalism since 1780)》에서 민족은 '상상의 공동체

(imagined community)'에 불과하다고 주장했다. 통념과 달리 지구상에서 '언어＝혈통＝민족국가'가 되는 경우는 매우 드물다며, 이 드문 사례의 가장 대표적인 두 국가로 한국과 중국을 언급했다.[1] 한국 민족은 이런 태생적 조건과 더불어 식민 지배의 쓰라린 경험 때문에 유난히 민족적 정체성이 강하고, 분단 현실 아래에서 통일을 향한 열망과 노력도 치열했다는 점은 모두가 인지하고 있다. 그러나 가부장적 관행하에서 여성은 많은 희생을 요구받았을 뿐 아니라 민족문제에서도 배제되면서, 자의반 타의반으로 통일운동에서 소외되었다.

독일 통일은 한국의 페미니스트들이 여성이 동참하는 통일의 필요성을 더욱 절실히 실감하게 만든 계기 중 하나였다. 1989년 베를린장벽이 붕괴되고 1년 후 국민투표를 거쳐 진행된 독일의 평화적 통일은 조용하면서도 민주적인 진행으로 국제사회의 많은 찬사를 받았다. 그러나 충격적인 대전환의 과정에서 독일인들은 통일을 젠더 문제와 연관 지어 사고하지 못했다. 분단을 극복하고 통일과 평화의 시대를 연 역사적 과정은 환영할 만한 일이지만, 그 과정에서 여성은 가장 많이 '잃은 자(Verlierer)'가 되어버렸다.

통일 이후 동독 출신 여성들은 많은 좌절을 경험했다. 옛 동독 지역의 경우 통일 직전인 1989년에 전체 취업인구에서 여성이 차지하는 비율이 49퍼센트였으나, 1992년에는 20퍼센트로 감소했다. 1990년 동부 독일에서 여성은 총 실업자의 54.8퍼센트를 차지했는데, 1995년에는 63.7퍼센트로 증가했다.[2] '가사 노동의 사회화'라는 사회주의 국가의 정책 아래 필요한 곳에 항상 제공되던 아이 돌봄 서비스나 방과 후 학교와 같은 공공 서비스는 대폭 줄었다. 통일 직전 동독에서 3세 이하의 보육시설 이용률이 80퍼센트였던 네 비해, 통일 후에는 57.1퍼센트로 떨어졌다. 국가의 지원이 감소해 보육시설이 문을 닫거나 민영화되면서 보육료가 급등하자, 직장을 그만두고 가정에서 아이를 돌보는 여성이 늘어났다. 결과적으로 여성의 실업률이 높아졌다.

옛 동독 지역에서는 여성의 정치적 대표성도 눈에 띄게 낮아졌다. 통일 이후 옛 동독 지역 여성의 선거 참여율은 서독보다 낮았다. 그뿐만 아니라 옛 동독 지역 여성들은 보수당인 기독교민주연맹과 자유민주당의 연정을 더 지지했는데도, 이후 이 보수정당들은 여성에게 불리한 정책을 시행했다. 그 결과 여성은 정치 무대에서 사라지고 있었다. 옛 동독의 물리화학연구소 연구원 출신인 앙겔라 메르켈(Angela Merkel) 총리의 장기간 집권은 통일 후 옛 동독 출신 여성의 높아진 정치적 대표성을 반영하는 듯 보인다. 그러나 실제로 메르켈 총리는 선택된 소수의 알리바이 여성일 뿐이다. 옛 서독과 달리 옛 동독에서는 허용되었던 낙태권이 통일 이후에 폐지되면서, 여성은 정치권력뿐 아니라 자신의 몸에 대한 통제권도 상실했다.[3]

이러한 여성의 현실은 독일 통일이 외형적으로는 달성되었지만 내적 통합을 실현하는 데는 한계가 있었음을 뜻하며, 동부 독일의 여성이 통일 후 형성된 '내부 식민지(Innere Kolonie)'의 최하단을 차지한 슬픈 현실을 잘 보여준다. '내부 식민지'는 통일과 함께 새로운 사회 계층화가 이루어진 것을 지칭하는 용어인데, 구체적으로 서독 출신 남성이 최상층을, 동독 출신 여성이 최하층을 차지하는 현상으로 나타났다.

왜 이와 같은 문제가 발생했을까? 통일 과정에서 여성 지위 하락은 무엇보다도 독일 정부의 통일 정책이 젠더 변수를 중요하게 고려하지 않은 데서 기인했다. 달리 말해, 통일 과정에 여성이 적극적인 주체로 참여하지 못한 것이다. 이와 관련해 먼저, 통일 과정에서 목소리를 낼 여력이 있었던 서독 페미니스트들의 소극적 대응에 그 책임을 물어야 할 것이다. 이들은 공산주의 독재 정권에 헌신하고, 아이나 많이 낳고, 서구 페미니즘에 대해 알지 못하는 동독 여성들을 계몽해야 한다고 암암리에 생각했던 것 같다. 이런 잠재된 생각은 오랫동안 동서독 여성운동 상호 간에 불신을 초래한 원인이 되었다. 또한 동독의 여성운동가들이 공산주의 체제의 붕괴 과정에서 평화운동과 동성애운동을 기반 삼아 반체제운동의 주축으로 활동했음에도 불구하고, 젠더 관점이 결여된 통일 정책에 시의적절하게 대응할 수 없었던 점도 아쉬움으로 남아 있다. 예상치 못한 베를린장벽의 붕괴와, 빠른 속도로 진행된 통일 과정에서 젠더 문제에 대응할 여력이 부족했던 당시 상황도 또 다른 원인이 될 수 있을 것이다.[4]

독일 통일에 뒤따른 여성 지위의 하락은 여러 페미니스트들에게 깊은 반성의 계기를 제공했다. 진보적인 여성단체들은 한국 여성평화운동의 전략을 분단과 통일이라는 한국적 특수성에서 찾아야 하고, 한반도 평화체제의 실현에는 여성의 주체적 참여가 필요하다는 인식을 갖게 되었다. 한국여성단체연합은 창립 초기인 1989년에 반핵평화위원회를, 1993년부터는 통일평화위원회를 설치하면서 남북 여성 교류, 반핵운동, 평화군축운동, 일상에서 평화 만들기 운동, 반전평화운동을 적극적으로 추진했다. 1997년 창립된 '평화를만드는여성회'는 최초의 여성평화통일운동 단체로 자리매김했다. YWCA도 꾸준하게 북한 여성과 어린이에 대한 지원사업을 펼치면서 평화운동의 대중적 기반을 넓히는 데 기여했다. 마찬가지로 수원여성회 등도 북한옥수수심기범국민운동 등의 다양한 북한 지원사업을 펼쳐나갔다. 평화운동에 적극적인 수원여성회, 경기여성단체연합, 경기자주여성연대 등은 평화통일학교나 평화통일기행을 통해 여성 대중의 참여를 견인하려 했다.[5]

통일운동과 관련해 여성들이 여론의 주목을 받은 사건은 1991년 서울과 1992년 평양에서 열린 '아세아의 평화와 여성의 역할' 토론회이다. 평양 토론회는 거의 반세기 동안 끊어진 남북 간 민간 교류를 다시 이었을 뿐 아니라, 당시 판문점을 통한 육로 방문은 최초의 역사적 사건이었다. 마침 그때 휴양지에 가 있던 김일성 주석이 일부러 평양으로 귀환해 여성 대표단을 저녁 만찬에 초대했는데, 남한의 주요 일간지들은 만찬 사진과 함께 이 역사적 행사를 1면에 대서특필했다. 한반도 평화 실현에 공감하는 일본 여성들의 중재로 남북과 일본의 여성이 1994년까지 4회에 걸쳐 진행한 이

토론회는 당시로서는 큰 역사적 성과였기 때문이다. 특히 이 회의를 전후해 7년 동안 어떤 남북 교류도 없었던 사실을 고려하면 더욱 그러하다.

또한 이 만남을 통해 남과 북이 일본군 '위안부' 문제 해결이라는 공동의 활동 과제를 발굴한 것도 역사적으로 큰 의미가 있다. 아울러 여성과는 거리가 먼 영역으로 간주되던 평화와 통일 문제에 여성이 적극적인 주체로 나선 점도 주목할 만하다.[6] 그런데 여성이 앞장서서 남북 교류의 물꼬를 튼 이 역사적 사실은 남북 교류의 역사에서 제대로 기록되거나 기억되지 않고 있다.[7] 이런 점에서 여성평화운동의 역사 쓰기도 우리의 중요한 과제가 되어야 하며, 이를 위한 구체적인 시도가 필요하다.

1992년 '아세아의 평화와 여성의 역할' 토론회 참석을 위해 판문점을 넘는 남한과 일본의 여성들과 이들을 영접하는 북한 여성들
자료: 한국여성단체연합.

이후 중단된 여성 교류는 2000년 6·15 남북 정상회담을 계기로 이어질 수 있게 되었다. 2000년 10월 북한노동당 창당 55주년 행사에 북한이 남측 시민사회운동 단체들과 노조 대표들을 초대하면서 한국여성단체연합 대표단 3명도 방북했고, 중단된 남북 교류의 재개 가능성을 서로 타진했다. 이어 2002년 10월 17일 금강산에서 남북 여성 700여 명이 만나 '6·15공동선언실천과 평화를 위한 남북여성통일대회'를 성공적으로 개최했다. 이후 남북 종교·사회 단체 간에 열린 공동 행사에서 여성 상봉 모임과 간담회가 따로 조직되어 진행되었다.

여성들은 일회적인 교류 방식을 벗어나기 위해 2005년 '6.15공동선언실천 남측여성본부'를 결성하고 북한의 '민족화해위원회 여성위원회'와 지속적으로 소통을 이어나갔다. 이런 독자적인 교류 방식을 구축함으로써 여성 교류의 지속성을 유지할 수 있는 기틀을 마련했다. 또한 여성본부의 결성을 통해 한국여성단체협의회를 비롯한 보수적인 여성단체부터 여성 종교단체까지 다양한 입장에 속한 여성들이 교류에 함께 참가할 수 있었다. 2005년 남북여성통일행사(남북 200명, 평양/묘향산)와 2006년 3·8세계여성의날 기념 남북여성대표자회의(남북 60명, 금강산)로 남북 여성 간의 접촉은 계속 이어졌다.

2008년 이명박 정부 이래로 남북관계가 악화되면서, 신년행사나 8·15 경축행사 등을 통해 정례적으로 이루어지던 여성 상봉 모임이나 독자적인 여성 교류는 위축되었으나, 2014년 중국 선양에서 개최된 '일본군 성노예 문제 해결을 위한 남북해외여성 토론회' 처럼 특정 주제로 제3국에서 만남의 장을 마련하기도 했다. 2015년 12월에는 개성에서 '민족의 화해와 단합, 평화와 통일을 위한 남북여성들의 모임'이 성사되기도 했다.[8]

그렇다면 많은 비용을 들이고 복잡한 준비 과정을 거쳐야 했던 여성 교류, 다소 형식적인 만남이 되기 쉬웠던 남북 여성 교류는 무슨 의미가 있었을까? 사실 노력과 비용 대비 효과의 측면에서 여성 교류에 대해 회의적인 시각도 없지 않았다. 그러나 여성 간 만남을 통해 서로를 알고, 차이를 받아들이며 존중하는 방식을 배워가는 상호 학습 과정은 미래의 남북관계를 열어가는 데 중요한 밑거름이 될 수 있다. 아울러 한반도 평화체제 실현과 남북 공존을 모색하는 과정에서 성 평등적 관점을 담을 수 있는 방도를 함께 고민하는 것도 중요했다. 때로는 이런 교류가 정부 간 대화가 단절된 상황에서 관계 개선을 위한 마중물 역할을 하고, 이를 통해 여성들 스스로 미래의 통일을 준비할 수 있다.[9] 통일은 대다수의 여성에게 현실감이 없는 추상적인 미래로 들릴 수 있지만, 독일의 사례가 보여주듯 이는 어느 날 불현듯 우리에게 다가올 수 있다.

반핵운동과 관련해 페미니스트들은 무엇보다 정전체제의 종식과 평화체제로의 전환, 그리고 동북아 평화를 함께 다루는 포괄적 접근을 주장해왔다. 특히 진보적인 여성단체들은 다른 시민사회 운동과 함께 북한 핵실험이 가져올 동북아의 핵 도미노 가능성을 우려하며, 북핵 문제는 대화를 통해 한반도·동북아 평화체제가 형성되는 과정에서 함께 해결되어야 한다고 강조해왔다. 지금도 진행형인 한일 갈등, 미중 간에 벌어지는 군사적·외교적 각축전 속에서 한반도 평화는 주변 강대국과의 조율이나 합의 없이는 실현되기 어렵기 때문이다.

이를 위한 방안으로 다자적 접근이 제안되며, 남한·북한·중국·미국·러시아·일본이 참여한 2006~2007년의 6자회담은 이런 전략을 현실화하려는 노력이었다. 비록 실패했지만 이러한 다자적 접근은, 헬싱키협약을 통해 유럽 공동체가 집단안보체제 구축에 성공했듯이 우리에게도 하나의 의미 있는 가능성으로 남아있다. 실제로 집단안보체제 구축을 통해 국방비 지출을 상당히 축소한 북유럽 국가들은 오늘날 사회복지와 성 평등 시스템을 가장 뽐내는 국가들이 되었다.

물론 이러한 접근 방식에 반대하는 목소리도 있다. 평화체제 논의가 북한이 대륙간탄도미사일(ICBM)과 핵무기 만들 시간을 버는 쇼를 하도록 만들 뿐이라는 주장이다. 그들은 이러한 과정이 결국 북한 핵무장의 가속화를 돕는 여건을 제공할 뿐이라고 말한다. 하지만 북한이 자신의 주요 맹방인 중국의 시진핑 주석이나 미국의 트럼프 대통령을 만나 비핵화를 약속하고 풍계리 지하 핵실험장까지 파괴한 것은 시간 벌기용을 넘어서는 어려운 결단이라 평가할 수 있다. 지금까지의 약속을 깨면 북한은 국제사회로부터 경제제재를 포함해 더 강한 압박을 받게 될 것이기 때문이다. 오히려 우리는 북한의 변화를 읽어야 한다.

2000년 김대중 대통령과 김정일 국방위원장이 만난 남북정상 회담에서는 화해협력의 길에 대한 합의가 이루어졌다.[10] 2018년 4월 27일 판문점에서 만난 문재인 대통령과 김정은 국무위원장은 '판문점 선언' 제2항을 통해 군사적 긴장 완화와 신뢰 구축을, 제3 항을 통해 한반도 평화체제 구축을 표방했다.

최근 여러 언론 매체나 연구 서적을 통해 우리는 북한의 실상에 대한 정보에 접근할 수 있다. 오늘날 평양의 거리는 좀 더 개방적 으로 바뀌었다. 시장경제는 활성화되고, 22개의 경제개발구가 설 치되었다. 소비재의 상당 부분이 국산화되면서 경제의 재구조화 가 이루어지고 있다. 3대에 이르는 정권의 세습 구조는 여전하지 만, 이전보다는 자신들의 정치 과정을 많이 공개하고 있다. 김정은 위원장은 아내 리설주를 대동한 정상회담이나 해외 방문에서 예전 과는 다른, 정상국가를 향한 북한 권력자의 노력을 보여주고 있다. 이렇게 북한의 변화는 서서히 진행되고 있다.[11]

북한은 체제안전을 보장받고 강대국과의 협상력을 높이기 위해 핵무기를 개발했는데, 이로 인한 국제적 제재가 지속되면서 가난 을 벗어나지 못하고 있다.[12] 북한은 핵무기를 포기하는 대신 체제 안전을 보장받는 조건 아래 경제부국을 만들고 싶다는 강한 의지 를 내비치고 있다.[13] 군사우선주의 대신에 경제우선주의를 선택 하려는 또 다른 이유는, 국제사회로부터 유입되는 정보와 문화적 영향 속에 새로이 자라나는 북한의 인민들, 특히 젊은 세대들이 경 제 발전에 강한 욕망을 드러내고 있기 때문이다. 소지된 휴대전화

수는 500만 대를 넘어섰고, 이는 북한 인구의 4분의 1이 새로운 정보에 접근권을 갖게 되는 변화로 나타났다. 이제 북한은 42주년을 맞이한 중국의 개혁개방 모델이나 베트남식 근대화를 모색하려는 것 같다. 두 권위주의 국가가 선택한 경제개발이 대단히 효율적인 모델로 북한에게 다가왔기 때문이다.[14)

그러나 우리는 북한의 개방과 평화체제 실현에 대해 성급한 기대를 버려야 한다. 중국의 경우 1997년 개방정책을 표방한 이후 몇몇 거점을 중심으로 개방이 시작되어 공간적으로 확대되기까지 오랜 시간이 걸렸다.[15) 스포츠 교류나 문화 행사를 통한 접촉이 늘어나고, 점차 사회문화적 동질성이 확대될 때까지 인내심을 가지고 노력해나갈 필요가 있다. 이런 멀고 긴 장정에는 페미니스트들도 동참해야 한다. 추상적으로 느껴졌던 통일이 어느 날 현실이 되어 독일 여성들의 운명을 바꾸어버린 일을 환기한다면 말이다.

페미니스트들도 한반도·동북아 평화체제 형성을 위한 자신들의 과제를 찾기 시작했다. 그 하나가 공공 외교이다. 미국을 비롯한 강대국의 역할은 매우 중요하다. 이에 페미니스트들은 다른 시민단체와 함께 미국의 국회의원들이나 한반도 문제 전문가들과 네트워크 구축을 시도하고, 우리가 지향하는 해결 방안을 설득하기 위한 로비 활동을 전개했다.

또한 6자회담 당사국 여성들의 연대와 지지를 끌어내기 위해 동북아여성평화회의를 개최했다. 원래 명칭은 '여성6자회의'였으나, 북한 여성들의 참여가 어려워져 부득이 그 명칭을 바꿀 수밖에 없었다. 한국의 페미니스트들은 동북아여성평화회의 참여를 설득하기 위해서 미리 4개국을 방문해 그곳 여성들에게 한반도 평화와 동북아 평화 공동체 실현에 대한 적극적 관심과 지원을 요청했다. 그 결과 2008~2012년 서울, 워싱턴 D.C., 뉴욕에서 네 차례에 걸쳐 열린 동북아여성평화회의는 한국의 상황을 알리고, 평화 실현을 위한 6자회담 당사국 여성들과의 네트워크를 강화했다. 개성과 DMZ도 함께 방문해 해외 참가자들이 분단 현실을 체험하게 했고, 전략회의를 통해 향후의 공동 활동 방안을 논의했다.

회의에서 의결된 입장문[16]은 미국 국무부와 국회의원, 주한 외국대사관, 한국 국회와 정당 등에 전달되었다. 이를 통해 동북아 평화에 대한 여성의 목소리를 전달하며, 6자회담과 같은 한반도 평화 실현 과정과 협상에 시민단체의 참여, 특히 여성 참여를 높이고 여성의 시각을 반영하도록 강력히 요구했다. 이런 활동은 국제정치의 중심 무대인 워싱턴 D.C.나 뉴욕에서 한반도 평화를 향한 한국 여성들의 강렬한 소망과 한국 여성운동의 저력을 알리는 데 크게 기여했다. 2009년 회의는 미국의 조지워싱턴대학 시거센터(Sigur Center for Asian Studies)와 공동으로 주최했고, 2012년 행사는 우리 국회의 여성가족위원회(위원장 최영희)와 공동 개최했는데, 전자가 미국 연방정부 주변에서, 후자는 유엔과 미국 시민사회의 활동 영역에서 한국 여성의 평화운동 현안과 활동 방향을 크게 알리는 역할을 했다.[17]

마찬가지로 페미니스트 국제연대의 빛나는 성과이자 평화 만들기의 성공적 실천으로 주목할 것은, 2015년에 시작된 '휴전선을 넘는 여성들(Women Cross DMZ: WCD)' 운동이다. 뉴욕에서 시작된 '한반도 평화 걷기 선포' 기자회견에는 세계적 여성 명사들이 참여했다. 미국 여성운동의 아이콘 글로리아 스타이넘(Gloria Steinem), 북아일랜드 출신 노벨평화상 수상자 메어리드 코리건매과이어(Mairead Corrigan-Maguire), 라이베리아 출신 노벨평화상 수상자 리마 보위(Leymah Gbowee) 등은 재미 한인교포 여성들과 함께 중국을 거쳐 평양으로 가 평화대회를 개최한 후, 판문점을 넘어 5월 24일 세계평화군축의 날 서울에서 열린 여성평화대회에 합류했다. 한반도에서 평화를 실현하자는 여성들의 용기 있는 외침은 국제사회와 언론의 관심을 끌었다. 이들은 지금도 적극적으로 활동 중이다. 빠른 시일 내에 한반도 평화협정 체결, 그리고 이 과정에 여성의 참여를 주창하는 "Korea Peace Now"라는 캠페인을 조직하고, 국제연대를 통해 확산시키면서 워싱턴 정가와 뉴욕의 유엔 본부를 대상으로 적극적인 로비 활동도 펼치고 있다.[18]

이와 관련해 한국에서는 한국여성단체연합, 한국YWCA연합회, 평화를만드는여성회 등 전국 여성단체를 중심으로 한 '여성평화운동네트워크'가 2019년 5월 공식 출범했고, 국제적으로는 휴전선을 넘는 여성들, 노벨상여성이니셔티브(Nobel Women Initiative), 평화와 자유를 위한 여성국제연맹(Women's International League for Peace and Freedom: WILPF)이 공동 활동을 펼치고 있다. 특히 스타이넘처럼 상당한 발언권을 지닌 여성의 적극적인 참여가 동북아 평화에 대한 국제사회의 관심을 환기하는 데 크게 기여하고 있다. 그 외에도 이들은 국내와 해외에서 평화 과정에 여성 참여 확대, 여성 의제 발굴과 정책화, 여성 평화교육, 젊은 지도력 개발, 연대와 조직의 확대 등을 목표로 열심히 활동 중이다.[19] 이렇게 페미니스트들은 평화와 통일을 향한 행진을 열정적으로 이어가고 있다. 평화 없이는 성 평등도 민주주의도 존재할 수 없다는 자각과 함께 말이다.

17

전 지구적 페미니즘의 힘

: 다이어트 강박증부터 '위안부' 운동까지

왜 전 지구적 페미니즘(global feminism)인가? 국내에 성폭력, 디지털 성범죄, 매 맞는 아내들, 일자리에서 축출되는 여성들, 아이 맡길 곳이 없어 직장을 그만두는 '1980년대생 김지영'이 차고 넘치는데 말이다. 이에 대응하기 위한 실천운동만으로도 우리는 숨이 가쁘다. 그럼에도 불구하고 나는 글로벌 관점과 행동반경을 지닌 페미니스트이기를 고집한다. 왜일까?

우선 오랜 여성운동의 경험을 통해 전 지구적 관점이나 연대는 페미니즘 발전에 지렛대 역할을 해왔고, 할 수 있다는 점을 깨달았다. 구체적인 사례를 들어보자. 한국 페미니스트들이 거둔 큰 성과는 일본군 성노예 운동일 것이다. 1990년 한국정신대문제대책협의회가 창립되고, 페미니스트들이 일본군 성노예 문제를 발굴해 고발할 당시, 이 문제는 국내에서조차 환영받지 못하는 과거사였다. 민족의 자랑인 항일운동이나 민족독립운동과 달리, 일본군 성노예 문제를 제기한 페미니스트들은 '민족의 수치를 들추지 말라'는 압력을 직간접적으로 받고 있었다. 일본군 성노예 문제가 오늘날처럼 전 지구적 이슈로 떠오른 데는 우선 새 여성운동의 선각자인 윤정옥·이효재 교수를 선두로 한국 여성운동의 헌신적 노력과 치열한 활동이 있었기에 가능했다.[1]

그러나 일본군 성노예 운동이 활성화되기까지는 전 지구적 페미니즘의 동력도 크게 기여했다. 1992~1995년에 일어난 보스니아 전쟁에서 세르비아군이 벌인 체계적인 집단강간과 뒤이은 구금을 통한 강제임신의 잔혹성은 전 세계를 경악에 빠뜨렸고, 이는 유엔의 대대적인 조사와 치유 프로그램으로 이어졌다. 이 과정에서 일본군 성노예 문제를 비롯한 전시 성폭력에 대한 국제적 관심과 경각심이 크게 높아졌다. 또한 성노예 문제와 관련해 일본 페미니스트들과 국제적으로 연대함으로써 필요한 자료나 증언을 공유했고, 양국의 시민사회와 공론의 장에서 전시 성폭력에 대한 공감대를 높였다. 최근 한국과 미국을 비롯한 세계 곳곳에 세워진 소녀상은 일본 식민지 시대의 한국이나 보스니아 전쟁터만이 아니라, 지금도 지구상 어딘가에서 일어나고 있는 전시 성폭력의 근절과 평화체제 실현을 향한 시민들의 감수성을 높이는 상징이 되고 있다.

전 지구적 페미니즘이 가져다준 가장 큰 이점은 유엔 여성대회에서 찾을 수 있을 것이다. 유엔은 1975년 이래 10년 단위로 여성대회를 개최했고, 그 마지막 절정은 1995년에 열린 베이징 세계여성대회였다. 각국 정부와 NGO에서 온 수만 명의 참가자가 성 평등 정책과 관련된 12개 항목의 행동강령(Platform for action)을 채택했고, 각 정부가 이를 정책으로 실행에 옮기도록 강력히 요구했다. 물론 이러한 행동강령은 정부 간 합의의 형태로 나타났지만, 그 이면에는 여성 NGO들이 직간접으로 행사한 로비와 압력이 큰 역할을 했다.

베이징 여성대회 이후 행동강령 이행을 평가하는 여러 회의들이 간헐적으로 열렸지만, 그만한 규모의 세계여성대회는 지금까지 열리지 못하고 있다. 이는 베이징에서 발표된 행동강령이 상당히 선진적이어서, 각국이 이행의 목표치에 근접하지 못했기 때문이다. 그사이 한국 정부나 여성운동은 행동강령을 국내에 알리고 실행하기 위한 다양한 노력을 기울여왔다. 특히 베이징대회에서 제시된 성 주류화 전략은 1990년대 말 이후 한국 여성정책의 핵심 기조가 되어왔다. 특히 여성 NGO는 베이징에서 발표된 행동강령을 국내 여성운동과 연계하는 정책 활동을 펼치며, 그간의 페미니즘 운동의 좌표를 재점검하거나 성찰하고 있다.[2]

전 지구적 페미니즘과의 연계와 연대가 지닌 또 다른 강점은 페미니즘 운동이 좀 더 보편주의적인 시민성의 확대에 기여할 수 있는 통로를 제공한다는 점이다. 시대나 국가적 상황에 따라 페미니스트들은 때로 자기중심적·편파적 논리에 빠질 가능성도 있다. 페미니즘의 폐쇄성이 문제시되는 경우도 있다. 우리처럼 오랜 지정학적·역사적 조건과 식민 지배의 경험 때문에 민족주의 성향이 강해진 경우에는, 페미니스트들도 민족주의적 경향성 혹은 폐쇄성으로부터 자유롭기 어렵다. 이미 앞서 다룬 대로 페미니스트들 내에서 민족문제를 둘러싼 갈등과 논쟁은 늘 존재해왔다. 여러 이론가들이 지적하는 대로 민족주의는 이익이 되기도, 해롭기도 한 이중성을 지니고 있다.[3]

이런 점에서 페미니즘도 보편주의 시각과 민족주의 시각 사이에서 좀 더 균형을 지녀야 한다. 파시즘이나 군부독재 체제 아래에서 여성단체들의 활동이 굴절되거나, 정의롭지 못한 체제와 협력했던 경험도 여성 지도자들이 보편주의 시각을 결여하고 일국사적 한계에 갇혔기 때문이다. 실제로 유엔의 정책이나 권고는 국내 여성정책의 강화에 큰 압력이 되고 있다. 또한 페미니즘 정책을 둘러싼 반발에 대응해야 할 상황에서 국제적 동향이나 유엔의 정책은 성 평등 목표를 관철하는 데 든든한 논리와 근거를 제공한다.

전 지구적 페미니즘의 필요성과 관련해, 미국의 페미니즘이 지니는 딜레마를 환기해보자. 벨 훅스는 계급과 인종 문제에 대한 전 지구적 시각을 결여한 미국 페미니스트들의 한계를 지적한다. 일찍부터 자유주의 페미니즘을 출범시킨 미국의 페미니스트들은 자신들이 먼저 해방되었고, 그래서 운이 나쁜 자매들, 즉 제3세계의 여성들을 지도해야 한다고 생각했다. 이런 관점은 자국 내에서도 흑인 여성을 포함한 유색인종 여성의 현실을 간과하게 만들었고, 이들에게 필요한 페미니즘의 전략과 내용에 대한 이해를 어렵게 했다.

생명을 위협하는 다이어트 강박증이나 성형수술의 경우 여성의 몸과 관련해 단순히 성차별적인 행위로 보이지만, 이 문제가 어떻게 전 지구적으로 연결되어 있는지 들여다보는 것도 중요하다. 세계 곳곳에서 진행되는 다이어트나 성형수술은 전 지구적 자본주의와 연동되지만, 동시에 자본주의 중심부의 문화적 헤게모니 영향 아래에 있다. 또한 페미니스트는 서구 남성 지배집단의 제국주의·인종주의·성차별주의에 저항해야 하고, 이런 점에서 전 지구적 페미니즘에 대한 인식이 필요하다. 또한 신식민주의(neocolonialism)의 위협에 우리 미래를 저당 잡히고 있음을 이해하면서 이에 대한 저항을 감행해야 한다. 이제 전 지구적 페미니스트의 과제는 인종·종족·민족의 경계를 넘어 여성 사이의 정치적 연대를 일상적으로 강화하는 것이다.[4)]

한국의 페미니스트들은 전 지구적 페미니즘에 공감하며 국제연대활동을 강화하기 위해 다양한 활동을 전개하고 있다. 유엔 여성차별철폐협약과 관련해 정부가 제출하는 보고서와 나란히, 한국여성단체연합을 주축으로 〈NGO 리포트(Shadow Report)〉를 작성해 발표하면서 여성차별철폐와 관련된 국내 정책을 감시하고 압박하는 역할을 하고 있다. 이런 작업은 여성운동이 국내 여성정책의 현황과 과제를 스스로 점검하고 성찰할 기회를 제공한다. 유엔 여성차별철폐위원회는 여성정책에 대한 여성 NGO의 비판적인 목소리를 반영해 정부에 강력한 이행 사안을 제안하며, 그 실행을 압박하고 있다. 정부로서는 불편한 일이지만, 이를 통해 성 평등의 척도는 강화될 수 있다.

1990년대 말 세계 시민사회는 새천년(new millennium)에 즈음해 글로벌 사회의 현황에 대해 반성하고 미래의 비전을 찾고자 했다. 유엔은 전 지구적 차원의 빈곤 퇴치를 위해 '새천년 개발목표(MDGs)'를 선포했고, 최빈국의 외채 탕감을 포함해 다양한 캠페인을 전개했다. 그 기저에는 아래로부터의 세계화를 통해 대안 사회를 만들어나가려는 미래 비전이 있고, 이를 위해서는 국경을 초월한 연대가 필요함을 호소했다. 한국여성단체연합은 '새천년 개발목표' 실현을 위한 국제연대의 일환으로 2000년에 시작된 세계여성행진(World March of Women)에 적극적으로 참여하고 있다. 캐나다에서 출발해 전 지구를 돌아 릴레이로 이어지는 여성행진은 전 지구적으로 연결된 성 불평등, 여성을 향한 폭력, 여성 빈곤의 해결을 외치는 여성의 목소리를 들려주며, 이 과정에 한국 여성운동도 높은 책임감으로 동참하고 있다.

특히 주목할 점은 1996년 한국이 OECD 회원국이 되고, 2009년에는 OECD 산하 개발원조위원회(Development Aid Countries : DAC)에도 가입하면서, 과거에 개발원조를 받던 수혜국에서 이를 제공하는 공여국으로 위치가 바뀌었다는 것이다. 2019년의 개발지원금(ODA)은 3조 2003억 원에 이르렀다.[5] 이런 재정적 지원과 더불어 한국은 개발원조위원회의 회원국으로서 새로운 원조 규범을 준수할 책임이 생겼다. 이제 시민사회단체들은 정부의 국제개발협력 정책의 감시 역할을 맡게 되었다. 예를 들면 한국 정부가 빈곤국에 제공하는 원조가 성장 중심주의보다는 지속가능한 발전을 담보하려는 유엔의 '새천년 개발목표'에 얼마나 부응하는지, 원조 내용이 우리의 이해관계보다는 수혜국의 필요에 얼마나 부응하는지, 원조 과정에서 성 평등은 얼마나 적극적으로 체현되고 있는지 등을 감시하는 것이다. 이를 위해 조직된 국제개발협력시민사회포럼(KoFID)에 한국여성단체연합을 비롯한 여성단체들이 주도적으로 참여하면서, 국제개발협력에서 대안적 세계화와 성 주류화를 위한 활동을 전개하고 있다. 이와 관련해 한국여성단체연합은 2015년 9월 지속가능한 발전을 위한 '유엔 2030 어젠다(UN 2030 Agenda for Sustainable Development)'의 일환으로 제안된 17개 목표와 169개 과제의 국내 이행을 향후 15년간 점검·평가하는 작업을 국제연대사업의 주요 활동으로 삼고 있다.

유엔이 제시한 지속가능한 발전의 대원칙 아래 세워진 중·장기적 목표를 중심으로 전 지구적 페미니즘의 실천 활동을 추진하는 것 외에도, 좀 더 구체적인 개별 사업도 진행되고 있다. 가장 중요한 사업은 성매매와 인신매매 방지를 위한 국제여성연대일 것이다. 특히 한국에서 산업형 성매매가 엄청난 규모로 확산된 가운데, 페미니스트들의 성매매방지법 제정 운동도 치열하게 진행되었다. 이때 글로벌 차원의 인신매매 반대운동과 만나게 되었으며, 이런 트랜스내셔널 여성운동(transnational women's movement)이 한국 정부와 국회를 크게 압박함으로써 페미니스트들은 국제연대의 중요성과 효과를 체험할 수 있었다. 2000년 유엔이 〈인신매매방지의정서〉를 채택한 이래로 성매매와 인신매매 방지를 위해 전 지구적 차원의 지원을 아끼지 않는 점도 국제연대활동에서 좋은 활력소가 되고 있다.

특히 한국은 스웨덴과 함께 성매매 금지주의를 표방한 국가로서, 이런 입장을 취한 국가와 원활한 연대와 소통을 이어가며 서로의 활동을 격려하고 있다. 특히 한국여성단체연합은 성매매 여성의 비범죄화와 성 구매자 처벌을 골자로 한 북유럽 모델(nordic model)의 확산을 적극적으로 모색하는 '인신매매 반대를 위한 여성연대(Coalition Against Trafficking of Women : CATW)'의 일원으로 활동하며, 성매매 수요를 차단하고 피해자를 지원하는 활동에 역점을 두는 트랜스내셔널 여성운동을 진행하고 있다.[6]

한국여성단체연합은 1996년부터 3년간 한국-중국-베트남 교환 프로그램을 진행했는데, 전중국부녀연합(All China Women's Federation)과 베트남여성연맹(Vietnam Women's Union)이 참여한 프로그램을 통해 사회주의권 여성단체들과 교류하며, 여성주의 관점에서 개발 문제를 분석하고 대안을 토론할 기회를 만들었다. 한국식 경제성장 모델은 국제적으로 높이 평가받지만, 그 과정에서 성 불평등이 발생했기에 이를 공유하고, 자본주의 시장경제를 처음 경험하는 국가의 여성들과 함께 성 평등한 개발 모델을 모색하려는 노력의 일환이었다. 이런 경험은 앞으로 남북 교류에서 경제 협력과 개발에 높은 가치를 두는 북한 여성과의 협력에도 큰 도움을 줄 것이다.

제3세계 여성운동에 대한 지원의 일환으로 베트남이나 네팔의 여성들을 지원하는 다양한 사업도 진행되고 있다. 2014년 이래로 한국여성단체연합이 진행한 사업은 월경과 임신·출산을 불결하게 여기는 악습으로 위협받는 여성의 재생산권과 건강에 대한 현장조사를 펼쳤고, 여성 폭력과 인권 침해를 가져오는 성차별적 제도와 관습을 바꾸기 위한 협력사업을 네팔 여성들과 함께 모색했다. 이러한 사업의 일환으로 대안생리대 보급을 위한 모금운동을 진행하기도 했다.[7] 2019년 아시아위민브릿지두런두런이 진행한 네팔 빈곤 여성 소득증대를 위한 직업훈련 사업과 카페와 빵 공장 개소를 통한 여성 직업 창출 프로그램, 여성직업훈련센터 구성원을 대상으로 성 평등교육을 진행했던 라오스 젠더캠프 등도 전 지구적 페미니즘 활동의 좋은 사례라 할 수 있다.[8]

나가는 말
페미니즘이라는 숲을 향해

국제사회에서 한국은 식민 지배와 빈곤과 군부독재로 점철된 제3세계의 열악한 현실을 탈출해 서구 선진국들의 이중혁명, 즉 산업혁명과 민주주의 혁명을 성취한 예외적인 국가로 주목을 받아왔다. 이에 덧붙여 코로나19가 가져온 위기 상황에서 민주적이고 투명한 방역체계를 만드는 데 성공하면서, 한국은 국제사회에서 다시 한번 모범국가로 시선을 받았을 뿐 아니라 선진국의 반열에 올라섰다는 평가를 받게 되었다. 이렇듯 방역의 성공으로 기술적 우위와 국제적 신뢰를 얻게 되었지만, 한편으로 우리는 담대한 결단과 근본적 변화를 견인해야 할 시점에 서 있다. 마치 13세기 중엽 페스트의 창궐이 근대의 시작과 자본주의의 이행으로 이어졌던 역사처럼 지금 우리에게도 새로운 변화, 그리고 변화가 가져올 새 시대로의 용틀임이 시작되고 있기 때문이다.

담대한 결단과 근원적 변화를 이끌어내야 할 시대에는 시민과 시민사회가 폭넓게 참여하는 다양한 집단토론과 숙의민주주의의 실천이 중요해진다. 그래서 새 시대는 우리의 집단지성을 요구한다. 서구 선진국들이 코로나 19 대응에 실패한 원인으로 의료 상업화 못지않게 민주주의 결손과 사회응집성의 해체가 지적되고 있다. 이에 비해 한국의 성공은 정부 행정의 신속성과 투명성, 그리고 의료인들의 헌신성 외에도 시민의 공동체적 동참에 기인하는 것으로 평가된다.[1] 이제는 우리 사회에서 만들어지고 있는 시민적 공동체를 어떻게 더 활성화할 것인지가 당면 과제로 떠오르고 있다.

민주화 투쟁기, 1987년의 민주화 성취, 그리고 촛불혁명을 통한 2017년 정권 교체에 이르기까지 긴 역사 속에서 시민적 자유와 정치적 권리는 크게 확장되었다. 그럼에도 여전히 우리는 '결함이 있는 민주주의'를 걱정한다. 이는 우리 사회가 최소주의적 정의에서 출발해 여전히 정치적 권리와 개인의 자유를 논의하는 절차적 민주주의에 머물고 있기 때문이다.[2]

이런 한계를 넘어가기 위해서는 민주주의의 개념이 사회경제적 영역으로 확장되어야 하고, 사회경제적 불평등이 해소되어야 정치적 불평등도 제거될 수 있다는 점에 주목해야 한다. 즉, 사회경제적 자원이 풍부한 집단은 문화적 헤게모니를 누리고, 이를 통해 정치적 영향력과 자유의 행사를 차별화해간다. 우리는 선거 때마다 경제적 약자나 주변화된 집단들이 얼마나 투표 기회를 제한받고,

얼마나 왜곡된 정보에 노출되는지 확인한다. 일하느라 투표하러 갈 수 없는 유권자는 정치에서 소외된 것이다. 실제로 경제적 하층과 청년층의 투표율이 낮고, 소득 상위 20퍼센트와 하위 20퍼센트의 투표율 격차는 무려 29퍼센트에 달한다.[3] 이는 사회경제적 불평등이 정치적 불평등의 원인으로 작용할 수 있음을 의미한다. 특히 사회경제적 이슈를 이끌고 갈 정치 주체가 약화되어 있다.

최근 시민운동이 약화되면서 국가와 시민사회의 분리가 심화되고, 정당이 시민사회를 제대로 대표하지 못하는 현실이 구조적 문제로 드러나고 있다. 게다가 노동조합으로 대변되는 조직 노동자층은 '정치적 주체로서의 존재감'을 상실했고, 이들의 목소리는 설득력을 갖지 못하고 있다. 집합적 이익의 표출은 오로지 국가, 즉 관료에게 직접 연결되도록 제한된 것이 오늘날의 현실이다.[4] 고용 불안 해소나 경제민주화 문제를 제기할 수 있는 정치 주체의 목소리는 줄어들고 있다.[5]

인터넷과 미디어의 강력한 영향과 소비주의 흐름과 맞물려 이제는 이념과 무관한, 오히려 정서적으로 결속된 시민 정치 집단이 등장하고 있다. 여기서는 여성과 청년이 주역을 담당하고, 기존의 동원 방식과는 다른 문법으로 새로운 시민 정치의 장을 열어가고 있다.[6] 기뻐할 일이다. 그러나 이렇듯 대중의 정치 참여는 늘어나지만, 분산화되고 개인화된 정치로 흐르고 있다. 그 결과, 중요한 정치적 결단이 여론조사의 향배에 따라 결정되고 있으며, 이는 민주주의의 '질적 퇴행'을 초래할 위험이 있다.

게다가 다중이 참여하는 권력 과정은 항시 다수와 소수, 갈등과 통합의 딜레마를 전제한다. 곳곳에서 여러 목소리들이 크고 어지럽게 얽힌다. 이제 개별화된 주체를 '연대하는 시민'으로 결집해가는 과정이 필요하고, 복잡하게 분화되거나 상호 교차하는 집합적 정체성을 유연하게 묶어가는 '네트워크화된 사회운동'의 역할이 요청되고 있다.[7] 이를 위해 한편으로는 태극기부대에서 드러나듯, 문화적 배타성이나 정치적 동질성에 기초한 전일주의로 기울어진 포퓰리즘의 위험을 넘어야 한다. 그래야 주변화되고 배제된 집단을 포함한 포용적인 사회 통합과 개혁으로 나아갈 수 있다. 다른 한편으로 신자유주의는 "자신의 적인 다중을 단순히 억누르고 물리치는 것이 아니라 적으로서 다중의 힘을 전유"하기 위해서 여러 경로를 통해 다양한 발전 전략으로 시장의 힘을 조정하고 있다. 이에 맞서는 싸움은 다원주의적 가치를 포함하는 사회적 통합을 통해 진행되어야 한다.[8] 이는 아래로부터의 협치가 지닌 민주적이고 구성적인 조직화를 통해서 가능할 것이다.

이제 페미니즘도 새로운 시대, 새로운 과제에 직면하고 있다. '불편한 용기'가 주도한 대규모 여성시위와 집단적 목소리에서 드러났듯이, 젊은 세대가 페미니즘의 적극적인 행위자로 등장해 대담하면서도 참신한 의제를 제시하며 많은 시민들에게 희망적인 메시지를 주고 있다. 또한 여성들은 이제 페미니즘뿐 아니라 사회운동의 주체로도 등장했다. 사회가 여성들에게 주목하기 시작한 것이다. 여성의 외침을 둘러싸고 그 배경에 놓인 각 영역의 성차별 현실에 대한 이해도 높아졌고, 젠더의 관점에서 사물을 보는 것이 어떤 의미인지에 대한 인식도 조금은 나아졌다. 그러나 가부장제 사회에서 모세혈관처럼 스며든 곳곳의 성차별을 해소하는 데는 긴 시간이 필요하고, 그래서 페미니스트에게는 인내와 전략이 필요하다.

이미 여성 내부에서 나타나는 '차이'에 대한 여성들의 자각도 높아졌다. 앞서 교차성 페미니즘 이론에 대해 언급한 대로, 계급이나 인종과 민족 등에 대한 차별이 젠더 문제와 교차하는 것에 대한 페미니스트의 인식도 높아졌다. 이제 성 평등은 여성의 문제로만 재현될 수 없게 되었다. 서로가 처한 위치에서, 자신이 마주한 문제에 따라 관심이 다르기에 각자가 던지는 젠더 이슈는 서로 다를 수 있다. 그렇더라도 각자의 자리를 서로 인정하고, 각자가 처한 새로운 현실적 도전에 부딪히며, 일상적인 삶의 현장에서 자신이 실천할 수 있는 성 평등을 실현하는 과정으로 나아가야 한다.

그러나 온라인을 통한 페미니즘의 대중화와, 젊은 세대 페미니스트들의 역동적이고 때로는 폭발적인 집단행동은 휘발성이 높다. '불편한 용기'가 수만 명의 여성들을 여섯 번이나 집회로 모으면서 대중 페미니즘의 면모를 유감없이 드러내자, 정부와 시민사회는 민감하게 반응하며 서둘러 대책을 내놓았다. 그러나 대부분은 각각의 그룹이 제기하는 성 평등 이슈가 영역에 따라 나뉘면서, 집단 세분화나 각자가 당면한 세부적인 논의로 흐르기가 쉬웠다.[9] 소모임이나 또래집단 내에서 자유롭고 자족하지만, 실제로는 사회적 영향력을 잃기 쉬운데, 이러한 위험을 우리는 1970년대 이후 서구 페미니즘 역사를 통해 확인했다. 급진 페미니스트들이 전투적 언사와 더불어 하위문화 속에서 소모임 활동에 만족하며 사회적 영향력을 잃어가는 동안, 국가 페미니즘이 제도화를 통해 젠더 이슈를 전담했다. 그러나 이를 주도한 페미니스트 관료들이 여성 복지와 지위의 향상을 넘어 대안적인 가치체계를 공유하며 새로운 미래 사회를 준비해가는 데는 한계가 있었다.

　페미니스트들도 나무뿐 아니라 숲을 보려는 노력, 즉 젠더 문제를 좀 더 큰 흐름 속에서 조망하려는 노력이 필요하다. 이를 위해 먼저 통합적인 젠더 관점을 공유하기 위한 대화와 토론이 필요하다. '차이'를 넘어 '연대하는 페미니즘'을 실천해야 한다. 이 과정에서 세대 간의 차이를 뛰어넘어 대화하고 연대하는 '페미니스트 네트워크'도 만들어야 한다. 더 나아가 그간 진행되어온 위로부터의 성 주류화 정책과 대중 페미니즘의 만남을 적극 추진해야 한다.[10] 국가 구조를 통한 전체적인 접근은 페미니즘의 요구를 앞당기거나 효과적으로 실행할 수 있게 할 것이다. 성 주류화 정책과 협치의 묘미를 살리면서도 때로는 격렬하게 비판함으로써 정책을 현실화하고, 이를 통해 페미니스트가 어떻게 영향력을 극대화할지에 대한 고민이 필요하다.

　오늘날 페미니즘 대중화가 성공한 데는 적극적인 신세대 여성 주체들의 등장이 중요했지만, 이는 신자유주의 시대가 불러온 디지털 세계의 의도치 않은 결과이기도 하다.[11] 더불어 디지털 경제의 영향 아래 온라인 페미니즘이 사용하는 언어는 개인화와 성공과 효율성 가치에 기대고 있는 듯하다. 그래서 페미니즘의 대중화가 신자유주의 경제 논리에 토대를 두고 포스트페미니즘(Postfeminism)의 이상과 교호한다는 우려가 제기되고 있다. 즉, 일부 신세대 여성들은 기존의 페미니즘으로부터 거리를 두면서, 공정한 기회가 보장되는 가운데 공평하며 자유로운 경쟁의 장으로 나아갈 것을 주장한다는 점에서 포스트페미니즘으로 지칭된다. 이들은 공평한 기회가 주어진다면, 여성도 자신의 능력과 노력으로 성공할 수 있다고 생각하는 듯하다.

탈코르셋 운동도 불공평한 꾸밈 비용을 줄인다는 점에서 '돈이 되는 페미니즘'이 될 수 있는 점에 착안하지만, 한편 이는 참여하는 여성들을 소비자본주의의 궤도 안에서 '개별화된 운동 방식'에 의존하게 만든다. 신세대 페미니스트들은 개인화된 소통의 일상화 속에서 개인화된 정치적 주체로만 남을 수도 있다. 이럴 경우 페미니스트 운동의 지속성, 확장성, 가치지향성이 문제가 될 수 있다.[12] 페미니스트들 사이에서 집합적 개인주의에 근거한 네트워크 구축을 둘러싼 고민이 요구된다.

코로나 19 발생 이후 우리 사회 공동체가 직면한 새로운 도전들에 대응하려면 그 핵심 전략에 젠더 관점을 통합하려는 적극적 시도가 특히 필요하다. 역사 속에서 전염병의 창궐은 사회 구성원 모두에게 비극적인 현실로 다가왔다. 그러나 오늘날 신자유주의 시대에는 전염병의 피해도 차별적이다. 특히 코로나 19 이후 가정폭

력의 증가와 실업 등으로 여성의 지위가 더 급격하게 열악해지고 있기에 더욱 그러하다.[13)]

최근 여성운동이 "페미니즘은 민주주의를 완성한다"라는 슬로건을 내세우는 것도 좀 더 좋은 민주주의를 향한 희망일 뿐 아니라 통합적 젠더 관점을 찾아가려는 시도이다. 한국 사회가 직면한 새로운 도전 속에서 생존하려면 모든 다양한 시민의 잠재력을 극대화해야 하고, 여기에 성 평등은 최적의 매개체가 될 수 있다. 이 과정에서 남성 페미니스트의 등장을 자극하고, 남성 동조자를 끌어들이는 노력도 필요하다. 다층적 젠더와 진보적 남성들과의 파트너십이 구축되어야, 대안적 문화와 대안 사회의 창조가 더 용이해진다.

"오늘의 여성해방운동이야말로 가장 중요한 운동이며, 또한 잠재적으로 가장 급진적인 정치운동"이라는 마르쿠제(Herbert Marcuse)의 예측처럼, 여성 주체의 재발견이 새 시대를 열어가는 교두보가 되기를 기대한다.[14)]

주

책을 펴내며

1) 윤보영, 〈페미니즘 시선에서 바라본 평화〉,《여성과 평화》, 6호, 2020, 29쪽

들어가는 말

1) 김지환, 〈커버스토리-국민청원 시대〉,《경향신문》, 2018.11.3.
2) 한국여성단체연합,《한국여성단체연합 30년의 역사: 폭력을 넘어 빈곤을 넘어 성 평등의 세상으로》, 당대, 2017, 77~78쪽.
3) 황정미, 〈새로운 10년의 젠더 이슈〉,《젠더리뷰》, 봄호 Vol.56, 2020, 6쪽.
4) 같은 글.
5) 김지환, 〈커버스토리-국민청원 시대〉.
6) 황정미, 〈새로운 10년의 젠더 이슈〉, 4쪽.
7) 김수아, 〈온라인상의 여성혐오 표현〉,《페미니즘 연구》, 15권 2호, 2015, 282쪽.
8) 정인경, 〈포스트페미니즘 시대 인터넷 여성혐오〉,《페미니즘 연구》, 16권 1호, 2016, 192~193쪽.

9) 김수아, 〈온라인상의 여성혐오 표현〉, 288~289쪽; 정인경, 〈포스트페미니즘 시대 인터넷 여성혐오〉, 198쪽.

10) 김수진, 〈여성혐오, 페미니즘의 새 시대를 가져오다〉, 《교육비평》, 38호, 2016, 170~174쪽.

11) 강준만, 《오빠가 허락한 페미니즘》, 인물과사상사, 2018, 358쪽.

12) 권김현영 외, 《한국 남성을 분석한다》, 교양인, 2017, 176~177쪽.

13) 김수아·허다운, 〈온라인상의 여성 혐오 표현 모니터링 보고서〉, 한국여성단체연합, 2014, 20~37쪽.

14) 안상수 외, 《남성의 삶에 관한 기초연구(II): 청년층 남성의 성평등 가치 갈등요인을 중심으로》, 한국여성정책연구원 보고서-30, 2015, 98쪽.

15) 김수아, 〈온라인상의 여성혐오 표현〉, 284, 299쪽.

16) 김수아·허다운, 〈온라인상의 여성 혐오 표현 모니터링 보고서〉, 56~57쪽.

17) 같은 글, 54쪽.

18) 김수아, 〈온라인상의 여성혐오 표현〉, 185쪽.

19) 양선희, 〈페미니즘의 종언〉, 《중앙일보》, 2015.1.28.

20) 오세라비, 《그 페미니즘은 틀렸다: 혐오에서 연대로》, 좁쌀한알, 2018, 70쪽.

21) 같은 책, 52쪽.

22) 같은 책, 70쪽.

23) 정인경, 〈포스트페미니즘 시대 인터넷 여성혐오〉, 200쪽.

24) 정영훈, 〈여성 노동 100년을 기억하는 법: 여성, 반복하며 전진하다〉, 한국여성연구소·대통령직속 3·1운동 및 대한민국임시정부 수립 100주년 기념사업추진위원회, 《산업화와 여성노동 100년의 성찰과 미래》, 2019.

25) 한우리 외, 《교차성 X 페미니즘》, 여이연, 2018, 7, 28쪽.

26) 같은 책, 7, 89쪽.

27) 벨 훅스, 《페미니즘: 주변에서 중심으로》, 윤은진 옮김, 모티브북, 2010, 118~120쪽.

28) 홍찬숙, 〈교차성 논의의 이론화 및 방법론적 쟁점: 사회학적 수용 및 유럽에서의 수용을 중심으로〉, 《젠더와 문화》, 12권 1호, 2019, 9쪽.

29) 한우리 외, 《교차성 X 페미니즘》, 87쪽; 홍찬숙, 〈교차성 논의의 이론화 및 방법론적 쟁점〉, 20, 33쪽.

30) 홍찬숙, 〈교차성 논의의 이론화 및 방법론적 쟁점〉, 26쪽.

31) 〈여성 10명 중 8명 "한국 떠나고 싶다"〉, 《여성신문》, 2019.12.26; 〈청년 75퍼센트 "한국 떠나고 싶다"〉, 《한겨레》 2019.12.16.

32) 김지혜, 《선량한 차별주의자》, 창비, 2019, 34~35쪽.

33) Stefan Marschall, *Demokratie*, Bonn: Bundeszentrale für politische Bildung, 2014, p.84.

------ 1부 ------

1장

1) 빌 브라이슨, 《거의 모든 사생활의 역사》, 박중서 옮김, 까치, 2011, 66, 69~70쪽.

2) 정현백·김정안, 《처음 읽는 여성의 역사: 고대부터 현대까지, 우리가 몰랐던 인류 절반의 역사》, 동녘, 2011, 134~158쪽.

3) 같은 책, 172~176쪽.

4) 프리드리히 엥겔스, 《가족, 사유재산, 국가의 기원》, 김대웅 옮김, 두레, 2012.

5) 이 책은 한국어판에서 제목이 바뀌었다. 아우구스트 베벨, 《여성론》, 이순예 옮김, 까치, 1987.

6) 정현백, 〈세계의 여성운동, 어제와 오늘〉, 《새 여성학강의》, 동녘, 2005, 361~362쪽. 그러나 1990년 이래 독일의 통일과 동구 공산권의 몰락 이후, 이 국가들에서 여성의 지위는 약해졌다. 이런 역사를 통해서 우리는 성 평등의 실현이 사회구조의 변화나 개조와 밀접히 연관되어 있음을 확인할 수 있다. 이 책 48쪽 참조.

7) 존 스튜어트 밀, 《여성의 예속》, 김예숙 옮김, 이화여자대학교출판부 1986.

8) 정현백, 〈세계의 여성운동, 어제와 오늘〉, 357쪽.

9) 같은 책, 362쪽.

10) 이를 위해 정현백, 《주거 유토피아를 꿈꾸는 사람들: 독일과 오스트리아의 주거 개혁 정치와 운동》, 당대, 2016, 179~192쪽 참조.

11) 같은 책, 33쪽 참조.

2장

1) 몇 년간 이어진 페미니스트들의 노력으로 여성가족부는 우리의 고유한 페미니즘 전통을 알고 기억한다는 의미에서 2019년 8월 30일 〈여권통문〉 기념 표지석을 설치했다. 여성사학자 윤정란의 끈질긴 고증을 거쳐 〈여권통문〉을 실천하기 위해 만든 '찬양회'와 최초의 민간 사립 여학교인 '순성여학교' 설립을 결의한 장소인 '홍문섯골 사립학교' 자리(현 신한은행 백년관 앞)에 표지석을 세운 것이다. 또한 매년 9월 1일을 '여권통문의 날'로 정하는 내용의 '양성평등기본법 일부 개정 법률안'이 2019년 8월 31일 신용현 의원의 발의로 국회를 통과했다. 《뉴스1》, 2019.8.29; 《연합뉴스》, 2019.10.31.

2) 이순구·소현숙, 〈역사 속 여성의 삶〉, 《새 여성학 강의》, 동녘, 2005, 74~76쪽.

3) 나혜석(1896~1948)은 일본 도쿄여자미술학교를 졸업한 몇 안 되는 여자 유학생이었다. 화가뿐 아니라 작가, 여성운동가, 사회운동가로 활동하면서 1919년 3·1 만세운동으로 투옥되기도 했다. 당대 명사인 최린과의 염문으로 남편에게 이혼당하고 가족과 사회로부터 고립되어 무연고 행려병자로 서울 원효로에서 쓸쓸히 죽어갔다. 당대 남성의 성에 대한 위선적인 태도를 통렬하게 비판하고 자유연애를 부르짖은 선각자 페미니스트였다. 간통한 비도덕적인 여자로 폄하되었던 나혜석은 1970년대 이후 그의 미술작품과 저술의 진면목이 알려지면서 새로이 평가받고 있다. 나무위키 '나혜석' 항목 참조(https://namu.wiki/w/%EB%82%98%

ED%98%9C%EC%84%9D).

4) 정현백 외,《글로벌시대에 읽는 한국여성사》, 사람의무늬, 2016, 224~225쪽.

5) 한국여성단체연합,《한국여성단체연합 30년의 역사》, 30~33쪽.

6) 해방 이후 1980년대에 이르기까지 주로 활동한 여성단체들은 관에 의해 조직되었거나 정치권력에 의존적이었다는 평가를 받는다. 여성단체의 활동은 국가의 필요에 따라 동원되는 근대화 정책의 대상이었을 뿐이라는 것이다. 그러나 그 활동의 곳곳에서 여성의 권리를 확대하려는 진지한 노력도 일부 나타났다. 정현백,〈한국의 여성운동 60년: 분단과 근대성 사이에서〉,《여성과 역사》, 4집, 2005, 12쪽.

7) 정현백,〈한국의 여성운동 60년: 분단과 근대성 사이에서〉, 29쪽.

8) 정현백,《노동운동과 노동자문화》, 한길사, 1991, 403~404쪽.

9) 같은 책, 404쪽.

10) 정현백,〈여성노동자의 의식과 노동세계: 노동자수기 분석을 중심으로〉,《여성》, 1집, 1985, 123쪽.

11) 에릭 홉스봄,《극단의 시대: 20세기 역사》, 이용우 옮김, 까치, 1997, 411쪽.

3장

1) 한국여성단체연합,《열린 희망 한국여성단체연합 10년사》, 동덕여자대학교 한국여성연구소, 1998, 171쪽.

2) 정현백 외,〈경기도 여성단체활성화방안에 관한 연구〉,《경기도 여성정책과 프로젝트 연구보고서》, 1998; 허성우,〈대전지역 여성단체 활성화방안 연구〉,《대전광역시 여성발전 연구위원회 연구사업 보고서》, 1997; 정현백,〈한국의 여성운동 60년: 분단과 근대성 사이에서〉, 22쪽.

3) 한국여성단체협의회, 1999년 사업평가 참조.

4) 정현백,〈한국의 여성운동 60년: 분단과 근대성 사이에서〉, 23~24쪽.

5) 같은 글, 26~27쪽.

6) 결과적으로 볼 때, 지난 30여 년 간의 한국 여성운동의 성공적 발전에는 두 우산조직, 즉 보수 계열의 한국여성단체협의회와 진보적 여성운동을 표방하는 한국여성단체연합이 큰 역할을 했다. 일각에는 거대 조직의 한계를 비판하는 목소리도 있지만, 이념 차이로 인한 갈등에도 불구하고 두 조직은 사안에 따라 연대하며 여성계의 힘을 집결했을 뿐 아니라 정부나 의회와의 관계에서 협상력을 높였다. Nicola Anne Jones, "Mainstreaming Gender: South Korean Women's Civic Alliance and Institutional Strategies, 1987-2002", Diss. of University of North Carolina at Chapel Hill, 2003, pp.111,134~135

7) 이효재, 《한국의 여성운동》, 정우사, 1996, 250쪽; 한국여성연구소, 《새 여성학 강의》, 동녘, 1999, 18~21쪽.

8) 한국여성단체연합, 《한국여성단체연합 30년의 역사》, 10, 16~17쪽.

9) Chong-Sook Kang and Ilse Lenz, *"Wenn die Hennen krähen…" Frauenbewegung in Korea*, Münster: Verlag Westfälis, ches Dampf Boot, 1992, pp.132~133.

10) Schönberg, Karl, "EZE/EED funding of women programs and organizations since 1980", unpublished report, 2010, pp.1~2.

11) 한국여성단체연합 1993년도 예산안 참조.

4장

1) 대구여성의전화, 〈김부남 사건정리 1991년〉, 2003.4.2(대구 여성의전화 자료실 참조).

2) 위키피디아, '김보은·김진관 사건' 항목 참조(https://ko.wikipedia.org/wiki/%EA%B9%80%EB%B3%B4%EC%9D%80_%EA%B9%80%EC%A7%84%EA%B4%80_%EC%82%AC%EA%B1%B4).

3) 《여성신문》, 1996.5.24; 《중앙일보》, 1996.5.9; MBC, 1996.7.5 참조.

5장

1) 그러나 비슷한 시기에 경기도 지역에 대한 여성단체들의 현장조사를 통해서는 형사정책연구원 조사의 2~3배에 이르는 여성들이 성매매에 연루되어 있다는 견과가 나왔다.

2) 한국여성단체연합, 《한국여성단체연합 30년의 역사》, 287~289쪽.

3) 같은 책, 288~291쪽.

4) 같은 책, 294쪽.

6장

1) 같은 책, 44~48쪽.

2) 양현아, 《한국가족법읽기: 전통, 식민지성, 젠더의 교차로에서》, 창비, 2011 참조.

------ 2부 ------

7장

1) 나오미 울프, 《무엇이 아름다움을 강요하는가》, 윤길순 옮김, 이인식 해제, 김영사, 2016, 32쪽.

2) 한국의 다이어트 시장 규모를 정확히 파악하기는 어렵다. 그러나 시장 규모를 미국의 10분의 1 정도로 잡는다면, 이는 7조 6000억 내외로 추정된다. 다이어트 의료가 1조 9000억 원, 헬스클럽이 2조 5000억 원, 다이어트 식품 등이 3조 2000억 원을 차지한다고 본다. 여기에 성형수술 시장 규모 약 5조 원, 뷰티 산업 약 5조 2863억 원(2010년 기준)을 합하면, 몸을 둘러싼 산업이 소비자본주의 사회에

서 엄청난 이윤 창출의 근원임을 파악할 수 있다.《동아일보》, 2004.4.29.

3) 서소영·윤영주,〈또 하나의 굴레, '미의 신화'〉,《여성과 사회》, 7호, 1996, 101쪽.

4) 나오미 울프,《무엇이 아름다움을 강요하는가》, 33, 434쪽.

5) 김양선,〈신자유주의 시대, 경쟁하는 몸〉,《젠더와 사회》, 동녘, 2014, 274~275쪽.

6) 서소영·윤영주,〈또 하나의 굴레, '미의 신화'〉, 102쪽.

7) 나오미 울프,《무엇이 아름다움을 강요하는가》, 93~94쪽.

8) 로빈 라일,《젠더란 무엇인가》, 조애리 외 옮김, 한울아카데미, 2016, 146쪽.

9) 같은 책, 146쪽.

10) 나오미 울프,《무엇이 아름다움을 강요하는가》, 17~20쪽.

11) 로빈 라일,《젠더란 무엇인가》, 149~150쪽.

12) 서소영·윤영주,〈또 하나의 굴레, '미의 신화'〉, 98쪽; 이나영,〈젠더관점에서 본 한국사회의 중층적 위험: 불/변하는 여성들의 위치성과 성 평등의 '신화'〉, 한국 여성단체연합,《베이징＋20과 post 2015, 젠더관점에서 본 한국사회의 변화》, 2014, 35~37쪽.

13) 한국갤럽,〈갤럽 리포트 G 20200409: 외모와 성형수술에 관한 인식〉, 2020.

14) 김애라,〈탈코르셋, 겟레디위드미(#getreadywithme): 디지털경제의 대중화된 페미니즘〉,《한국여성학》, 35권 3호, 2019, 58쪽.

15) 나오미 울프,《무엇이 아름다움을 강요하는가》, 33, 430쪽.

16) 같은 책, 29~30, 286쪽.

17) 같은 책, 36~39쪽.

18) 출세에서 돈이 남성에게 해주는 역할을 아름다움이 여성에게 하게 되었다. "여성의 아름다움을 남성 사이에 유통되는 일종의 통화로 사용하면서, 산업혁명 이후 아름다움에 대한 관념이 돈에 대한 관념과 나란히 진화해 두 가지 모두 소비경제에서 사실상 유사한 것이 되었다"는 울프의 지적은 깊이 경청할 만하다.

19) 나오미 울프,《무엇이 아름다움을 강요하는가》, 18, 29쪽.

20) 성 평등이 상당히 실현되었고 직업을 가진 여성이 77퍼센트에 이르는 스웨덴에서도 여성들은 피로를 호소한다. 노동시장은 미의 신화를 통해 여성에 대한 차별을

정당화하기도 하므로 여성은 보편적인 미의 기준에 맞추기 위해 전전긍긍하기 때문이다(같은 책, 48쪽). 마찬가지로 돌봄 서비스와 여성 고용이 가장 높은 수준으로 보장된 덴마크에서 여성의 41퍼센트가 노동 참여의 피곤함을 호소하는 현실에는 이런 미의 신화가 적지 않은 원인을 제공하고 있을 것이다(같은 책, 95쪽).

21) 같은 책, 31, 287쪽.

22) 같은 책, 62~66쪽.

23) 같은 책, 42쪽.

24) '탈코르셋'이라는 용어가 처음 등장한 것은 2015년 9월경 메갈리아 사이트라고 한다. 이후 메갈리안 내부에서 탈코르셋이 운동의 일환으로 권장된 것 같다. 김애라, 〈탈코르셋, 겟레디위드미〉, 48쪽; 이민경, 《탈코르셋: 도래한 상상》, 한겨레출판, 2019, 108쪽.

25) 같은 글, 44, 57쪽.

26) 같은 글, 45쪽.

27) 《한국일보》, 2018.6.8; 《여성신문》, 2020.3.20; 페미위키의 항목 '탈코르셋' 참조 (https://femiwiki.com/w/%ED%83%88%EC%BD%94%EB%A5%B4%EC%85%8B).

28) 김애라, 〈탈코르셋, 겟레디위드미〉, 71쪽.

29) 같은 글, 60, 66, 67, 69쪽.

30) 《여성신문》, 2020.3.20.

31) 김양선, 〈신자유주의 시대, 경쟁하는 몸〉, 288~289쪽.

8장

1) 한국여성단체연합, 《한국여성단체연합 30년의 역사》, 133쪽.

2) 2017년 기준으로 보자면, 전체 노동자 중 13.3퍼센트가 최저임금 미만 노동자에 해당하는데, 그중 여성이 63.3퍼센트를 차지한다. 그래서 최저임금 인상은 일하는 여성들의 노동조건이 개선될 수 있는 가장 빠르고 효과적인 방법이다. 그러나

최저임금 논쟁에서 젠더 변수는 전혀 고려되지 않고 있어 유감스럽다. 김양지영, 〈최저임금에도 성별이 있다〉, 《여성신문》, 2019.5.30; 위키피디아 '문재인 정부 최저임금 인상 논란' 참조(https://ko.wikipedia.org/wiki/문재인_정부_최저임금_인상_논란).

3) 《한겨레》, 2019.11.18.

4) 이철승은 노동시장의 상층을 세 가지 기준에 따라 정의한다. 고용 형태가 정규직인지 여부, 일터가 대기업인지 여부, 그리고 노조가 있는 직장인지 여부이다. 그에 따르면 이러한 기준들 중 둘 이상을 누리는 노동자는 노동시장 지위에서 상층에 속한다고 판단한다. 이들은 전체 임금노동자의 약 20퍼센트를 차지한다는 것이다. 이철승, 《불평등의 세대》, 문학과지성사, 2019, 234쪽.

5) 같은 책; 《한겨레》, 2019.11.18.

6) 《한겨레》, 2019.11.18.

7) 한국여성단체연합, 《한국여성단체연합 30년의 역사》, 157쪽.

8) 통계청, 〈경제활동인구 부가조사(근로형태별)〉, 2018.

9) 통계청, 〈경제활동인구조사〉, 2018.

10) 한국여성단체연합, 《한국여성단체연합 30년의 역사》, 161~162쪽.

9장

1) 김창훈, 〈90년대, 혜영이 용철이 사건을 아십니까?〉, 《프레시안》, 2017.7.12.

2) 한국여성단체연합, 《한국여성단체연합 30년의 역사》, 150~151쪽.

3) 같은 책, 120쪽.

4) 유해미 외, 《2018년 전국보육실태조사: 어린이집 조사보고》, 22, 육아정책연구소/보건복지부 프로젝트, 2018.

5) 보건복지부 e 나라지표 2018, 〈어린이집 시설 수 및 아동 수 현황〉.

6) 《한겨레》, 2019.11.18.

7) 이 자리는 김동연 경제부총리, 김영주 고용노동부 장관, 정현백 여성가족부 장관이 마련한 간담회였다. 〈'저출산 대응과 여성 경제활동 참여확대' 어린이집 간담회〉, 《뉴스1》, 2017.9.8.

8) 한국여성단체연합, 《열린 희망 한국여성단체연합 10년사》, 188~199쪽. 그 외에도 이 책 26쪽 참조.

9) 《2018 서울백서》, 180~181쪽.

10) 한국여성단체연합, 《한국여성단체연합 30년의 역사》, 151~152쪽.

11) 〈노동시장 최신 연구들이 보여준 '1982년생 김지영'의 현주소〉, 《한겨레》, 2019.11.18.

12) 《서울경제》, 2020.9.28;《쿠키뉴스》, 2020.10.14.

13) 한국여성단체연합, 《지속가능한 성평등사회를 위한 총선 젠더정책 자료집》, 2019.1.11, 65쪽.

10장

1) 정현백, 〈세계의 여성운동, 어제와 오늘〉, 356~358쪽.

2) 남윤주, 〈여성과 국가이론〉, 《여성과 사회》, 5호, 1994, 166~169쪽.

3) 이러한 연구자로는 매키넌(C. A. Mackinnon), 코넬(R. W. Connell), 브라운(Wendy Brown)을 들 수 있다. 같은 글, 170~174쪽.

4) 같은 글, 180~181쪽.

5) 같은 글, 174~178쪽.

6) 헤르네스(H. M. Hernes)는 공적 가부장제의 등장과 함께 여성의 의존 대상이 개별 남성에게서 국가로 변경되었다고 주장한다. 사적 가부장제, 즉 가구 내에서 개별 가부장으로부터는 독립했지만, 국가에 대한 여성의 의존은 현저히 높아졌으며, 더불어 공적 영역에서 새로운 성별 분업이 이루어졌다는 것이다. 김경희·김혜장, 〈가부장적 국가〉, 《여성과 사회》, 8호, 1997, 323~325쪽.

7) 남윤주, 〈여성과 국가이론〉, 176, 181쪽; 김경희·김혜장, 〈가부장적 국가〉, 325
~326쪽.

8) 남윤주, 〈여성과 국가이론〉, 177쪽.

9) 김경희·김혜장, 〈가부장적 국가〉, 325~326쪽.

10) 우에노 지즈코, 《내셔널리즘과 젠더》, 이선이 옮김, 박종철출판사, 1999,
99~100쪽.

11) 김은실, 〈민족주의 담론과 여성: 문화, 권력, 주체에 관한 비판적 읽기를 위하여〉,
《한국여성학》, 10집, 1994, 40~43쪽.

12) 정진성, 〈민족주의와 일본군위안부 문제〉, 《한일여성 공동역사교재 편찬 제1회
공개심포지엄 자료집》, 2001, 41~45쪽.

13) 정현백, 《민족과 페미니즘》, 당대, 2003, 43~44쪽.

11장

1) 1999년 한국여성단체연합 정책수련회에서 정치 세력화 운동은 '새판 짜기'에 힘
을 모아야 한다는 전략이 다시 확인되었다. 한국여성단체연합, 《한국여성단체연
합 30년의 역사》, 393쪽.

2) 정현백, 〈한국의 여성운동 60년: 분단과 근대성 사이에서〉, 35쪽.

3) 안숙영, 〈민주화 이후 민주주의와 여성의 정치적 대표성〉, 《페미니즘 연구》, 16
권 1호, 2016, 131~132쪽.

4) 젠더정치연구소 여.세.연., 〈권력과 의사결정 과정에서의 여성〉, 한국여성단체
연합, 《베이징+20과 post 2015, 젠더관점에서 본 한국사회의 변화》, 2015,
61~ 62, 66쪽.

5) 이에 일부 페미니스트들은 프랑스의 경우처럼 남녀동수제를 도입할 것을 주장했
다. 할당제는 여성을 사회적 약자로 규정하는 것이지만, 남녀동수제는 여성이 소
수자가 아니라 남성과 동일하게 사회의 절반을 이룬다는 점을 강조한다는 것이

다. 이 제도를 통해야 남성 중심적 정치문화도 바꿀 수 있다고 보았다. 안숙영,
〈민주화 이후 민주주의와 여성의 정치적 대표성〉, 135~140쪽.

6) 한국여성단체연합, 《한국여성단체연합 30년의 역사》, 394쪽.

7) 같은 책, 395~397쪽.

8) 그러나 각 시도별로 지역구 의원 정수의 50퍼센트 이상을 공천하지 못한 경우는
이 규정에서 제외된다. 한국여성단체연합 위음, 《열린 희망 한국여성단체연합
10년사》, 399쪽.

9) 한국여성단체연합, 《한국여성단체연합 30년의 역사》, 398~401쪽.

10) 이와 관련해 한국여성단체연합, 《한국여성단체연합 30년의 역사》, 404쪽에서
남윤인순 의원의 발언을 재인용.

11) 같은 책, 413~414쪽.

12) 《한겨레》, 2020.1.1 참조

- - - - - - 3부 - - - - - -

12장

1) 벨 훅스, 《모두를 위한 페미니즘》, 이경아 옮김, 권김현영 해제, 문학동네, 2017,
100쪽.

2) 강이수, 〈해방 후 한국경제의 변화와 여성의 노동경험: 차별과 주변화의 지속〉,
《여성과 역사》, 4집, 2006, 49쪽에서 인용.

3) 같은 글, 51~57쪽.

4) 이나영, 〈젠더관점에서 본 한국사회의 중층적 위험: 불/변하는 여성들의 위치성
과 성 평등의 '신화'〉, 27~28쪽.

5) 2017년 통계청의 지역별 고용조사 부가조사에 따르면, 15~54세 기혼 여성의 20
퍼센트가 경력 단절을 겪고 있다. 그런데 더 심각한 것은 전체 경력 단절 여성 중

51.2퍼센트(92만 8000명)가 30대 여성이라는 점이다. 바로 이런 현실이 《82년생 김지영》이라는 소설이 우리 사회에서 큰 관심을 불러일으키는 이유이다.

6) 이나영, 〈젠더관점에서 본 한국사회의 중층적 위험: 불/변하는 여성들의 위치성과 성 평등의 '신화'〉, 28쪽.

7) 강이수, 〈해방 후 한국경제의 변화와 여성의 노동경험: 차별과 주변화의 지속〉, 54쪽.

8) 《중앙일보》, 2018.7.5.

9) 이나영, 〈젠더관점에서 본 한국사회의 중층적 위험: 불/변하는 여성들의 위치성과 성 평등의 '신화'〉, 30쪽.

10) OECD Employment Outlook, 2017.

11) 강이수, 〈해방 후 한국경제의 변화와 여성의 노동경험: 차별과 주변화의 지속〉, 57~58쪽.

12) 이나영, 〈젠더관점에서 본 한국사회의 중층적 위험: 불/변하는 여성들의 위치성과 성 평등의 '신화'〉, 31쪽.

13) 배은경, 〈'경제위기'와 한국여성: 여성의 생애전망과 젠더/계급의 교차〉, 《페미니즘 연구》, 9권 2호, 2009, 39~82쪽.

14) 벨 훅스, 《행복한 페미니즘》, 박정애 옮김, 큰나, 2002, 92쪽.

15) 같은 책, 93쪽.

16) 같은 책, 97쪽.

17) 같은 책, 131~133쪽.

18) 조은, 〈한국 사회에서의 성과 계급: 성분절적 계급구조와 계급분석에 대한 시론〉, 양영진 외, 《한국 사회의 비판적 인식: 80년대 한국 사회의 분석》, 나남, 1990, 285쪽.

19) 같은 글, 258~259쪽.

13장

1) 페미위키 '남성성' 항목 참조(https://femiwiki.com/w/%EB%82%A8%EC%84%B1%EC%84%B1).

2) 설혜심, 《소비의 역사: 지금껏 아무도 주목하지 않은 소비하는 인간의 역사》, 휴머니스트, 2017, 31~32쪽.

3) 남성들 사이에 양복이 정착하는 동안 여성의 의상은 화려해지고 유행에 민감해졌다. 1820년대에 여성의 코르셋 사용이 다시 부활한 것도 이런 새로운 흐름을 반영하는 것이다. 같은 책, 47~48쪽; 토마스 퀴네, 《남성의 역사》, 조경식·박은주 옮김, 솔, 2001, 154~160쪽.

4) 설혜심, 《소비의 역사》, 27~28, 34, 37, 50쪽.

5) 토마스 퀴네, 《남성의 역사》, 262~288쪽.

6) 정현백·김정안, 《처음 읽는 여성의 역사》, 174~176쪽.

7) 같은 책, 172~174쪽; 토마스 퀴네, 《남성의 역사》, 78~79쪽.

8) 최태섭, 《한국, 남자: 귀남이부터 군무새까지 그 곤란함의 사회사》, 은행나무, 2018, 76쪽.

9) 같은 책, 82쪽.

10) 같은 책, 89~93쪽.

11) 정현백, 〈일본 근대 역사학의 형성과 서구 역사학의 영향 그리고 개화기 조선: 트랜스내셔널 전이를 중심으로〉, 《한국사학사학보》, 27권, 2013, 451~454쪽.

12) 이런 현실은 외형적으로 자신의 남성성을 입증하려는 인도 남성들의 노력을 촉진했다. 그 결과 여성성은 남성적 사고의 지배를 위협하지 않는 특정한 방식으로 기획되어야 했고, 이제 신여성은 힌두문화의 우수성을 표현하는 정신적 역할을 맡아야 했다. 정현백, 《민족과 페미니즘》, 35~36쪽.

13) 그래서 권김현영은 식민지의 남자들을 '여성화된' 남자로 규정하기도 했는데, 이런 주장에 대해서는 좀 더 설득력 있는 증빙이 필요하다. 위축된 남성성과 여성화된 남성성 사이에는 명백한 차이가 있기 때문이다. 최태섭, 《한국, 남자》, 101

쪽.

14) 정현백 외, 《글로벌시대에 읽는 한국여성사》, 232쪽.

15) 같은 책, 232, 236, 243쪽.

16) 정현백, 〈여성 노동자의 의식과 노동세계: 노동자수기 분석을 중심으로〉, 147~
148쪽.

17) 그러나 2019년의 설문조사에서 48.7퍼센트만이 '중산층'이라 답했고, 48.9퍼센
트는 자신은 '저소득층'이라 답변했다. 이는 많은 사람들이 사회적 불평등의 심
화를 피부로 느끼는 것이다. 많은 사람들이 계층상승에 대한 기대를 포기했고, 1
인당 국민소득 3만 달러의 시대에 국민의 중산층적 귀속감이 사라지고 있는 것
은 슬픈 일이다. 〈중산층이 사라진다 30년 전 국민 75퍼센트 "난 중산층" … 올
해엔 48퍼센트로 뚝〉, 《조선일보》, 2019.1.26.

18) 최태섭, 《한국, 남자》, 128쪽.

19) 이나영, 〈젠더관점에서 본 한국사회의 중층적 위험: 불/변하는 여성들의 위치성
과 성 평등의 '신화'〉, 33~34쪽.

20) 최태섭, 《한국, 남자》, 165쪽.

21) 권김현영 외, 《한국 남성을 분석한다》, 8쪽.

22) 경제위기를 전후해 신현모양처론이 떠오른 현상은 주목할 만하다. 이는 100만
부 이상 팔려나간 김정현의 《아버지》나 이문열의 《선택》을 선두로 한 다양한 소
설 등에서 잘 드러난다. 이런 이데올로기의 한 축이 페미니즘의 상품화와 관련이
있다면, 다른 한 축은 경제 불안과 맞물려 있다. 이런 문화 담론을 통해 여성에게
인내와 희생이 강요되었다. 이선옥, 〈신현모양처 이데올로기의 부상〉, 《여성과
사회》, 8호, 1997, 211~220쪽.

23) 배은경, 〈'경제위기'와 한국여성: 여성의 생애전망과 젠더/계급의 교차〉, 64~65
쪽; 최태섭, 《한국, 남자》, 167~169쪽.

24) 벨 훅스, 《모두를 위한 페미니즘》, 163쪽.

25) 최태섭, 《한국, 남자》, 83~84쪽.

26) 홉스봄은 청년들에 의한 새로운 문화혁명의 특징에 대해 민중적이고 도덕률폐기

론적인 점으로 설명한다. 홉스봄은 록과 청바지로 대변되는 청년문화가 서구의 오랜 전통 속에 내재된 부르주아의 고급문화와 헤게모니를 파괴하는 것으로 설명했다. 이런 문화혁명 속에서 전통을 지켜온 교회, 정당, 노동조합은 큰 도전을 받게 된다고 보았다. 이런 점은 한국도 공유하고 있는 현실이 아닌가? 에릭 홉스봄, 《극단의 시대: 20세기 역사-하》, 이용우 옮김, 까치, 1997, 449~464쪽.

27) 최태섭, 《한국, 남자》, 157~158쪽.

28) 같은 책, 158~159쪽.

29) 그러나 이렇게 변화된 남성성과 관련해 일부 여성학자들은 이를 기존의 헤게모니적 남성성의 변화로 보기보다는 '하이브리드 남성성' 혹은 '혼종적 남성성'으로 간주한다. 김엘리, 〈20~30대 남성들의 '하이브리드 남성성'〉, 《한국여성학》, 36권 1호, 2020, 140~141, 144, 164~166쪽.

30) 정현백, 《민족과 페미니즘》, 200~204쪽.

31) 신사회운동은 1970년대 이후 서유럽과 북미에서 활발해진 환경·여성·평화·반문화(counter-culture)운동을 통칭한다. 그간의 사회운동은 산업화 이후 자본주의 아래에서 소유나 분배 구조의 개선을 통해 물질적 진보를 모색하는 노동운동이나 농민운동 등이 주축을 이루었다면, 신사회운동은 삶의 정치나 생활민주주의를 적극 모색하기에 '새로운'이라는 접두어가 붙었다. 그간의 대의민주주의가 시민의 자율성을 침해하거나 권위적·위계적 속성을 지닌 것을 비판하며, 네트워크와 풀뿌리 조직에 기반을 둔 직접행동과 문화혁명을 주장한다는 점에서 신사회운동의 목표, 조직방법, 행동수단은 과거와 다르다. 김호기, 〈신사회운동이란 무엇인가?〉, 《참여사회》, 3월호, 2000, 3쪽; 김창호, 〈아카데미아쟁점과 흐름〉 7. 신사회운동 1, 《중앙일보》, 1995.6.15 참조.

14장

1) 《한겨레 21》, 2019.1.28, 47쪽.

2) 같은 글, 48쪽.

3) 〈정현백 여성가족부 장관, 일상 속 성차별 언어표현 집담회〉, 《뉴스1》, 2018.
7.18 참조.

4) 최태섭, 《한국, 남자》, 51쪽.

5) 벨 훅스, 《모두를 위한 페미니즘》, 162쪽.

6) 최태섭, 《한국, 남자》, 174~177쪽.

7) 이와 관련해 한국 남성에 대한 페미니스트들의 최근 분석도 흥미롭고, 앞으로의
논의에 좋은 성찰점을 제기해주고 있다. 권김현영 외, 《한국 남성을 분석한다》
참조.

8) 벨 훅스, 《페미니즘: 주변에서 중심으로》, 124~139쪽.

9) 권김현영 외, 《한국 남성을 분석한다》, 161쪽.

10) 같은 책, 184쪽.

11) 안숙영, 〈민주화 이후 민주주의와 여성의 정치적 대표성〉, 137, 140쪽.

12) 벨 훅스, 《모두를 위한 페미니즘》, 166쪽.

13) 같은 책, 167~169쪽.

14) 같은 책, 233~236쪽.

15) 황정미, 〈새로운 10년의 젠더 이슈〉, 5쪽.

16) 강준만, 《오빠가 허락한 페미니즘》, 360~364쪽.

17) 정희진 외, 《미투의 정치학》, 교양인, 2019, 18쪽.

18) 같은 책, 25쪽.

19) 최태섭은 민주화의 성공에 크게 기여한 학생운동이나 저항운동 안에도 군사주의
적이고 이념형적인 남성성이 스며들었다고 주장한다. 최태섭, 《한국, 남자》,
138~139쪽.

20) 강준만, 《오빠가 허락한 페미니즘》, 271, 273, 277쪽.

21) 같은 책, 290쪽.

22) 같은 책, 329쪽.

23) 벨 훅스, 《페미니즘: 주변에서 중심으로》, 117~118쪽.

24) 권김현영 외,《한국 남성을 분석한다》, 132쪽.

25) 벨 혹스,《페미니즘: 주변에서 중심으로》, 122쪽.

15장

1) Jennifer Turpin, "Women and War", Lester Kurtz(ed.), *Encyclopedia of Violence, Peace and Conflict*, London : Academic Press, 1999, p.801.

2) 케냐 웨스트포코트 지역에 살고 있는 여성들과 어린이들은 하루 6킬로미터 이상을 걸어서 물을 길어 와야 한다. 그마저도 물이 말라버리면 10킬로미터 이상을 걸어 악어가 우글거리는 강으로 간다고 한다. 물을 길어오는 일은 아이들이 학교를 결석하게 만드는 현실이 되기도 한다. 이런 현상이 아프리카 곳곳에서 발생하고 있다.《한겨레》, 2019.8.27.

3) 김도훈,《한 권으로 읽는 이야기 한국사》, 아이템북스, 2017, 217쪽.

4)《중앙일보》, 2020.1.25 ;《아시아투데이》, 2019.12.11.

5) 정세현은 이미 2010년에 우리가 쓰는 분단 비용을 연간 GDP의 4.35~4.65퍼센트로 계산하고 있다. 정세현,《정세현의 정세토크》, 서해문집, 2010, 26~28쪽.

6) 삼성그룹이 만들었던 이 광고는 오랫동안 사람들의 뇌리에 박혀 있다. 삼성을 초일류기업으로 성장시키기 위해 이건희 회장이 내세운 캠페인이라는 점에서 그 취지는 이해할 만하다. 그러나 평범한 시민에게는 평화에 반하는, 약육강식의 경쟁사회를 환기시킨다.《한겨레》, 2020.10.20 참조.

7)《한국일보》, 2017.12.12 ;《오마이뉴스》, 2012.3.14 참조.

8) 정현백,《여성사 다시 쓰기: 여성사의 새로운 재구성을 위하여》, 2007, 당대, 205~214쪽.

9) 경기여성단체연합·경기도여성가족연구원,《1325호 경기 행동강령선언의 날. 북경 행동강령 채택 25주년 및 유엔 안보리 결의안 1325호 20주년 기념 경기여성평화 심포지엄 자료집》, 2020, 44~46쪽.

10) 정경란, 〈UN 안보리 결의 1325호 이행현황과 여성 단체의 활동〉, 시민단체연대회의 시민평화포럼보고서 《시민참여와 평화통일》, 2010, 60~67쪽; 여성가족부, 〈연구보고서: 여성·평화·안보 역량강화를 위한 교육매뉴얼 개발〉, 2018, 12, 49~74쪽.

11) 한국여성단체연합, 《한국여성단체연합 30년의 역사》, 465~466쪽.

12) 김정수, 〈왜 여성들이 한반노 평화과정에 참여해야 하는가?〉, 《여성과 평화》, 6호, 2020, 93쪽.

13) 데이비드 힉스, 《평화교육의 이론과 실천》, 고병헌 옮김, 양서원, 1993, 30, 336쪽 참조.

14) 문아영, 〈'여성'이면서 '청년'인 '평화활동가'이거나 '평화활동가'인데 '여성'이고 '청년'이거나: 평화운동과 어떤 정체성들의 관계에 대해 사유하기〉, 《여성과 평화》, 6호, 2020, 50~51쪽.

16장

1) 에릭 홉스봄, 《1780년 이후의 민족과 민족주의》(창비신서 125), 강명세 옮김, 창작과비평사, 1994, 94쪽.

2) 정현백, 《민족과 페미니즘》, 320~321쪽.

3) 같은 책, 323~324쪽.

4) 같은 책, 326~330쪽.

5) 경기여성단체연합·경기도여성가족연구원, 《1325호 경기 행동강령선언의 날. 북경 행동강령 채택 25주년 및 유엔 안보리 결의안 1325호 20주년 기념 경기여성평화 심포지엄 자료집》, 41~42쪽.

6) 한국여성단체연합, 《열린 희망 한국여성단체연합 10년사》, 218~220쪽.

7) 김정수, 〈왜 여성들이 한반도 평화과정에 참여해야 하는가?〉, 94쪽.

8) 심영희·김엘리, 《한국여성평화운동사》, 한울, 2005, 112~124쪽; 한국여성단

체연합,《한국여성단체연합 30년의 역사》, 458쪽.

9) 정현백,《민족과 페미니즘》, 274~276쪽; 심영희·김엘리,《한국여성평화운동
   사》, 2005, 124~127쪽.

10) 한반도평화포럼,《통일은 과정이다》, 서해문집, 2015, 18~26쪽.

11) 성세현 외,《한반도 특강: 2020 대전환의 핵심현안》, 창비, 2020, 30쪽.

12) 같은 책, 44쪽.

13) 같은 책, 38, 41쪽.

14) 같은 책, 25쪽; 정병호,《고난과 웃음의 나라: 문화인류학자가 본 북한 이야기》,
    창비, 2020, 51~53쪽.

15) 정세현 외,《한반도 특강: 2020 대전환의 핵심현안》, 256쪽.

16) 한국여성단체연합,《한국여성단체연합 30년의 역사》, 461~464쪽.

17) 정현백,〈국가와 여성평화운동: 김대중·노무현 정부의 평화정치를 중심으로〉,
    한반도평화포럼,《통일은 과정이다》, 서해문집, 2015, 334쪽.

18) 특히 이들은 최근에 '한국전쟁 종식 결의안'을 지지하는 미국 하원의원 51명의
    서명을 받아냈고, 이로써 2021년 하원 외교위원회에서 주요 의제로 다루어질 가
    능성을 높였다. 여성이 주도하는 민간 외교의 성과이다.〈'한국전쟁 종식 결의
    안' 지지하는 미 하원의원 51명으로〉,《한겨레》, 2020.10.27.

19) 평화를 만드는 여성회,《여성 평화 안보와 성평등 한반도 교육자료집》, 2019, 90
    쪽.

17장

1) 독일 나치시대에 강제수용소에서 엄청난 규모의 강제 매춘이 일어났다. 정확한
   통계를 낼 수는 없지만, 수만에서 수십만의 여성들이 성폭력의 피해자가 되었
   다. 그러나 지금까지 독일에서 이 끔찍한 전시 성폭력과 관련해 피해자도 나타나
   지 않았으며, 사회적 쟁점으로 떠오르지도 않고 있다는 점을 상기한다면, 한국

페미니스트들이 거둔 성과는 국제적으로도 유례가 없는 엄청난 일이었다. 이와 관련해 정현백, 〈나치의 강제매춘정책과 인종주의〉, 《역사비평》, 66호, 2004, 274~299쪽 참조.

2) 한국여성단체연합, 《한국여성단체연합 30년의 역사》, 481쪽.

3) 같은 책, 64쪽 참조.

4) 벨 훅스, 《모두를 위한 페미니즘》, 113~119쪽.

5) 《한국경제》, 2019.1.15.

6) 한국여성단체연합, 《한국여성단체연합 30년의 역사》, 484쪽.

7) 같은 책, 486~487쪽.

8) '아시아위민브릿지 두런두런' 웹사이트 참조(www.dorundorun.org).

나가는 말

1) 국제사회에서 한국이 민주적 개방성과 투명성 그리고 시민적 공동체성으로 방역에 성공했다는 주장에 대한 반론도 제기되었다. 프랑스의 사상가 기 소르망(Guy Sorman)은 유교 문화가, 변호사인 프라델(Virginie Pradel)은 동아시아적 집단주의가 방역 성공에 기여했다고 주장했다. 이에 KBS와 《시사IN》의 공동 조사는 방역에 적극 참여한 사람들은 높은 민주적 시민성을 지녔거나 '수평적 개인주의' 특성이 강했다는 결과를 내놓아 이러한 주장에 대해 반박했다. 《시사IN》, 2020.6.2.

2) 김용철, 〈사회적 불평등과 한국 민주주의 '좋은' 민주주의인가?〉, 《기억과 전망》, 42호, 2020, 59~62쪽, 68~69쪽.

3) 김동춘, 〈시론: 4.15 총선, 코로나 19 재난 속 한국 민주주의 국가와 정당, 그리고 시민사회〉, 《기억과 전망》, 42호, 2020, 18쪽.

4) 같은 글, 34, 44쪽.

5) 같은 글, 50~53쪽.

6) 같은 글, 46쪽.

7) 김용철, 〈사회적 불평등과 한국 민주주의 '좋은' 민주주의인가?〉, 59쪽; 홍성태,

〈포퓰리즘의 정치와 사회운동의 도전〉, 《기억과 전망》, 42호, 2020, 100, 106,

122쪽.

8) 안토니오 네그리·마이클 하트, 《어셈블리: 21세기 새로운 사회질서에 대한 제

언》, 이승준·정유진 옮김, 알렙, 2017, 565쪽.

9) 황정미, 〈새로운 10년의 젠더 이슈〉, 4쪽.

10) 같은 글, 4, 11쪽.

11) 김은실 외, 《코로나 시대의 페미니즘》, 휴머니스트, 2020, 163쪽.

12) 김애라, 〈탈코르셋, 겟레디위드미〉, 51, 55~56쪽.

13) 김은실 외, 《코로나 시대의 페미니즘》, 81~89, 165쪽; 한국여성단체연합, 〈코

로나 19와 젠더 토론회 자료집〉, 2020.5.12 참조; 《한겨레》, 2020.10.21.

14) 육영수, 2019: 256쪽에서 재인용.

참고문헌

강이수. 〈해방 후 한국경제의 변화와 여성의 노동경험: 차별과 주변화의 지속〉. 《여성과 역사》. 4집. 2006. 43~76쪽.

강준만. 《오빠가 허락한 페미니즘》. 인물과사상사. 2018.

경기여성단체연합·경기도여성가족연구원. 《1325호 경기 행동강령선언의 날. 북경 행동강령 채택 25주년 및 유엔 안보리 결의안 1325호 20주년 기념 경기여성평화 심포지엄 자료집》. 2020.

권김현영 외. 《한국 남성을 분석한다》. 교양인. 2017.

김경희·김혜장. 〈가부장적 국가〉. 《여성과 사회》. 8호. 1997. 318~328쪽.

김도훈. 《한 권으로 읽는 이야기 한국사》. 아이템북스. 2017.

김동춘. 〈시론: 4.15 총선, 코로나 19 재난 속 한국 민주주의 국가와 정당, 그리고 시민사회〉. 《기억과 전망》. 42호. 2020. 12~56쪽.

김수아. 〈온라인상의 여성혐오 표현〉. 《페미니즘 연구》. 15권 2호. 2015. 279~320쪽.

김수아·허다운. 〈온라인상의 여성 혐오 표현 모니터링 보고서〉. 한국여성단체연합. 2014.

김수영. 〈근대화와 가족의 변화〉. 정진성·안진. 《한국현대여성사》. 한울아카데미. 2004. 141~169쪽.

김수진. 〈여성혐오, 페미니즘의 새 시대를 가져오다〉. 《교육비평》. 38호. 2016. 163

~188쪽.

김양선. 〈신자유주의 시대, 경쟁하는 몸〉. 한국여성연구소. 《젠더와 사회》. 동녘.
2014. 272~295쪽.

김애라. 〈'탈코르셋', 겟레디위드미(#getreadywithme): 디지털경제의 대중화된 페미
니즘〉. 《한국여성학》. 35권 3호. 2019. 43~78쪽.

김엘리. 〈20~30대 남성들의 '하이브리드 남성성'〉. 《한국여성학》. 36권 1호. 2020.
139~173쪽.

김용철. 〈사회적 불평등과 한국 민주주의 '좋은' 민주주의인가?〉, 《기억과 전망》. 42
호. 2020. 58~97쪽.

김은실. 〈민족주의 담론과 여성: 문화, 권력, 주체에 관한 비판적 읽기를 위하여〉.
《한국여성학》, 10집. 1994. 43~44쪽.

김은실 외. 《코로나 시대의 페미니즘》. 2020. 휴머니스트.

김정수. 〈왜 여성들이 한반도 평화과정에 참여해야 하는가?〉. 《여성과 평화》. 6호.
2020. 83~95쪽.

김정혜. 〈낙태죄 '폐지'를 말하는 이유: 임신중단권 보장의 법적 쟁점과 방향〉. 《페미
니즘 연구》. 19권 1호. 2019.

김지혜. 《선량한 차별주의자》. 창비. 2019.

네그리, 안토니오·마이클 하트. 《어셈블리: 21세기 새로운 사회질서에 대한 제언》.
이승준·정유진 옮김. 알렙. 2020.

남윤주. 〈여성과 국가이론〉. 《여성과 사회》. 5호. 1994. 164~183쪽.

문아영. 〈'여성'이면서 '청년'인 평화활동가'이거나 '평화활동가'인데 '여성'이고
'청년'이거나: 평화운동과 어떤 정체성들의 관계에 대해 사유하기〉. 《여성과 평
화》. 6호. 2020. 36~59쪽.

마경희. 〈돌봄철학과 사회적 돌봄 정책 개혁〉. 한국여성학회. 《민주주의 실현을 위한
차기 정부 성평등 정책 토론회 자료집》. 2017. 42~56쪽.

박선영. 〈여성의 몸, 우리가 말한다〉. 《여성과 사회》. 15호. 2004.

박정미. 〈한국 성매매정책에 관한 연구: 묵인관리 체제 변동과 성판매여성의 역사적

구성, 1945-2005〉. 서울대학교대학원 박사학위논문. 2011.

배은경. 〈'경제위기'와 한국여성: 여성의 생애전망과 젠더/계급의 교차〉.《페미니즘
  연구》, 9권 2호. 2009. 39~82쪽.

베벨, 아우구스트.《여성론》. 이순예 옮김. 까치. 1987.

브라이슨, 빌.《거의 모든 사생활의 역사》. 박중서 옮김. 까치. 2011.

서소영·윤영주. 〈또 하나의 굴레, '미의 신화'〉.《여성과 사회》, 7호. 1996. 97~104쪽.

설혜심.《소비의 역사: 지금껏 아무도 주목하지 않은 소비하는 인간의 역사》. 휴머니
  스트. 2017.

신경아. 〈일터민주주의와 성평등: 노동정책에서 성평등관점의 구현을 위한 프레임
  전환과 정책과제〉. 한국여성학회.《민주주의 실현을 위한 차기 정부 성평등 정책
  토론회 자료집》. 2017. 30~41쪽.

신광영. 〈21세기 한국 어디로 가나〉.《씨알의 소리》. 2017. 54~58쪽.

심영희·김엘리.《한국여성평화운동사》. 한울. 2005.

아디치에, 치마만다 응고지.《우리는 모두 페미니스트가 되어야 합니다》. 김명남 옮
  김. 창비. 2012.

안상수 외.《남성의 삶에 대한 기초연구(II): 청년층 남성의 성평등 가치 갈등요인을
  중심으로》. 한국여성정책연구원 연구보고서-30. 2015.

안상희·이민화. 〈제4차 산업혁명이 일자리에 미치는 영향〉.《한국경영학회 2016년
  제18회 경영관련학회 통합학술대회 자료집》. 2016. 2044~2053쪽.

안숙영. 〈민주화 이후 민주주의와 여성의 정치적 대표성〉.《페미니즘 연구》. 16권 1
  호. 2016. 121~147쪽.

양지혜 외.《걸 페미니즘》. 교육공동체벗. 2018.

양현아.《한국가족법 읽기: 전통, 식민지성, 젠더의 교차로에서》. 창비. 2011.

여성가족부. 〈연구보고서: 여성·평화·안보 역량강화를 위한 교육매뉴얼 개발〉.
  2018.

오세라비.《그 페미니즘은 틀렸다 혐오에서 연대로》. 좁쌀한알. 2018.

우에노 지즈코.《내셔널리즘과 젠더》. 이선이 옮김. 박종철출판사. 1999.

_____.《여성혐오를 혐오한다》. 나일등 옮김. 은행나무. 2012.

울프, 나오미.《무엇이 아름다움을 강요하는가》. 윤길순 옮김. 이인식 해제. 김영사. 2016.

유해미 외.《2018년 전국보육실태조사: 어린이집 조사보고 22》. 육아정책연구소/보 건복지부 프로젝트. 2018.

육영수.《지식의 세계사》. 휴머니스트. 2019.

윤보영.〈페미니즘 시선에서 바라본 평화〉.《여성과 평화》, 6호. 2020. 19~35쪽.

이나영.〈젠더관점에서 본 한국사회의 중층적 위험: 불/변하는 여성들의 위치성과 성 평등의 '신화'〉. 한국여성단체연합,《베이징+20과 post 2015, 젠더관점에서 본 한국사회의 변화》. 2014. 13~44쪽.

이민경.《탈코르셋: 도래한 상상》. 한겨레출판. 2019.

이선옥.〈신현모양처 이데올로기의 부상〉.《여성과 사회》, 8호. 1997. 211~220쪽.

이순구·소현숙.〈역사 속 여성의 삶〉.《새 여성학 강의》. 동녘. 2005. 59~91쪽.

이일영.〈대선 쟁점으로 떠오른 '4차 산업혁명'〉.《창비주간논평》. 2017.2.8. 1~3쪽.

이철승.《불평등의 세대》. 문학과지성사. 2019.

이효재.《한국의 여성운동》. 정우사. 1996.

전경옥 외.《한국근현대여성사: 정치·사회 3 1980년-현재》. 모티브북. 2011.

정경란.〈UN 안보리 결의 1325호 이행현황과 여성 단체의 활동〉. 시민단체연대회의 시민평화포럼보고서《시민참여와 평화통일》. 2010. 60~67쪽.

정병호.《고난과 웃음의 나라: 문화인류학자가 본 북한 이야기》. 창비. 2020. 51~53쪽.

정세현.《정세현의 정세토크》. 2010. 서해문집.

정세현 외.《한반도 특강: 2020 대전환의 핵심현안》. 창비. 2018.

정영훈.〈여성 노동 100년을 기억하는 법: 여성, 반복하며 전진하다〉. 한국여성연구 소·대통령직속 3·1운동 및 대한민국임시정부 수립 100주년 기념사업추진위원 회.《산업화와 여성노동 100년의 성찰과 미래》. 2019. 201~221쪽.

정인경.〈포스트페미니즘 시대 인터넷 여성혐오〉.《페미니즘 연구》, 16권 1호. 2016. 185~220쪽.

정진성. 〈민족주의와 일본군위안부 문제〉. 《한일여성 공동역사교재 편찬 제1회 공개 심포지엄 자료집》. 2001. 41~45쪽.

정진성·안진. 《한국현대여성사》. 한울아카데미. 2004.

정현백. 〈여성노동자의 의식과 노동세계: 노동자수기 분석을 중심으로〉. 《여성》. 1 집. 1985. 116~162쪽.

_____. 《노동운동과 노동자문화》. 한길사. 1991.

_____. 《민족과 페미니즘》. 당대. 2003.

_____. 〈나치의 강제매춘정책과 인종주의〉. 《역사비평》, 66호. 2004. 274~299쪽.

_____. 〈세계의 여성운동, 어제와 오늘〉. 《새 여성학 강의》. 동녘. 2005. 355~382쪽.

_____. 〈한국의 여성운동 60년: 분단과 근대성 사이에서〉. 《여성과 역사》. 4집. 2005. 1~42쪽.

_____. 《여성사 다시 쓰기: 여성사의 새로운 재구성을 위하여》. 당대. 2007.

_____. 〈일본 근대 역사학의 형성과 서구 역사학의 영향 그리고 개화기 조선: 트랜스 내셔널 전이를 중심으로〉. 《한국사학사학보》, 27권. 2013. 433~472쪽.

_____. 〈국가와 여성평화운동: 김대중·노무현 정부의 평화정치를 중심으로〉. 한반 도평화포럼. 《통일은 과정이다》. 서해문집. 2015.

정현백·김정안. 《처음 읽는 여성의 역사: 고대부터 현대까지, 우리가 몰랐던 인류 절 반의 역사》. 동녘. 2011.

정현백 외. 《경기도 여성단체활성화방안에 관한 연구: 경기도 여성정책과 프로젝트 연구보고서》. 1998.

정현백 외. 《글로벌시대에 읽는 한국여성사: 통제와 '주체되기' 사이에서》. 사람의무 늬. 2016.

정희진 외. 《미투의 정치학》. 교양인. 2019.

제를리, 린다 M. G. 〈자유의 정치적 실천으로서 페미니즘〉. 《젠더와 문화》, 9권 2호. 2016. 7~26쪽.

젠더정치연구소 여.세.연. 〈권력과 의사결정 과정에서의 여성〉. 한국여성단체연합. 《베이징+20과 post 2015, 젠더관점에서 본 한국사회의 변화》. 2014. 49~74쪽.

조순경. 〈한국 여성노동시장 분석을 위한 시론. 생산직 여성노동력 부족현상을 중심으로〉.《여성》, 3집. 창작과비평사. 1989. 98~130쪽.

조영숙. 〈베이징 +20 이행평가의 배경과 의미〉. 한국여성단체연합.《베이징 +20과 post 2015, 젠더관점에서 본 한국사회의 변화》. 2014. 3~11쪽.

조은. 〈한국사회에서의 성과 계급: 성분절적 계급구조와 계급분석에 대한 시론〉. 양영진 외.《한국사회의 비환석 인식: 00년대 한국사회의 분석》. 나남. 1990. 257~298쪽.

최은수. 〈핵폭탄급 제4차 산업혁명이 몰려온다. 고용절벽 올까 vs 일자리 늘어날까〉.《HRD: human resource development monthly magazine》, 307호. 2016. 20~25쪽.

최태섭.《한국, 남자: 귀남이부터 군무새까지 그 곤란함의 사회사》. 은행나무. 2018.

퀴네, 토마스.《남성의 역사》. 조경식·박은주 옮김. 솔. 2001.

평화를 만드는 여성회.《여성 평화 안보와 성평등 한반도 교육자료집》. 2019.

한국여성단체연합.《한국의 여성정책 10년 돌아보며 내다보며(Beijing +10 기념 심포지엄)》. 2004. 1~42쪽.

_____.《베이징 +20과 post 2015, 젠더관점에서 본 한국사회의 변화》. 2014.

_____.《한국여성단체연합 30년의 역사: 폭력을 넘어 빈곤을 넘어 성평등의 세상으로》. 당대. 2017.

_____.《지속가능한 성평등사회를 위한 총선 젠더정책 자료집》. 2019.1.11.

한국여성단체연합 엮음.《열린 희망 한국여성단체연합 10년사》. 동덕여자대학교 한국여성연구소. 1998.

한국여성단체연합·프리드리히에버트재단.《여성사회권 운동의 과거와 현재, 미래를 보는 허브》. 2016.

한국여성연구소.《새 여성학 강의》. 동녘. 1999.

한반도평화포럼.《통일은 과정이다》. 서해문집. 2015.

한우리 외.《교차성 X 페미니즘》. 여이연. 2018.

함인희. 2006. 〈광복 60년, 가족제도와 여성 삶의 변화〉.《여성과 역사》, 4집.

77~117쪽.

허성우. 《대전지역 여성단체 활성화방안 연구: 대전광역시 여성발전 연구위원회 연구사업 보고서》. 1997.

홉스봄, 에릭. 《1780년 이후의 민족과 민족주의》(창비신서 125). 강명세 옮김. 창작과비평사. 1994.

___. 《극단의 시대: 20세기의 역사》. 이용우 옮김. 까치. 1997.

홍성태. 〈포퓰리즘의 정치와 사회운동의 도전〉. 《기억과 전망》. 42호. 2020. 98~129쪽.

홍찬숙. 〈개인화와 '젠더사회'〉. 《한국사회학》. 47권 1호. 2013. 255~276쪽.

___. 〈한국사회의 압축적 개인화와 젠더범주의 민주주의적 함의〉. 《여성과 역사》. 17집. 2012. 1~25쪽.

___. 〈교차성 논의의 이론화 및 방법론적 쟁점: 사회학적 수용 및 유럽에서의 수용을 중심으로〉. 《젠더와 문화》. 12권 1호. 2019. 7~39쪽.

황정미. 〈2020년, 새로운 10년의 젠더이슈〉. 《젠더리뷰》. 봄호 56권. 2020. 4~13쪽.

훅스, 벨. 《행복한 페미니즘》. 박정애 옮김. 큰나. 2002.

___. 《페미니즘: 주변에서 중심으로》. 윤은진 옮김. 모티브북. 2010.

___. 《모두를 위한 페미니즘》. 이경아 옮김. 권김현영 해제. 문학동네. 2017.

힉스, 데이비드. 《평화교육의 이론과 실천》. 고병헌 옮김. 양서원. 1993.

〈[나는 강남역 세대입니다 2] "나는 아름다울 필요가 없다" 탈코르셋의 등장〉. 《여성신문》. 2020.3.20.

〈"저는 예쁘지 않습니다" 유튜브에 부는 탈코르셋 바람〉. 《한국일보》. 2018.6.8.

Jones, Nicola Anne. "Mainstreaming Gender: South Korean Women's Civic Alliance and Institutional Strategies, 1987-2002". Diss. of University of North Carolina at Chapel Hill. 2003.

Kang, Chong-Sook and Ilse Lenz. *"Wenn die Hennen krähen..." Frauenbewegung in Korea*. Münster: Verlag Westfälisches Dampf Boot. 1992.

Marschall, Stefan. *Demokratie*. Bonn: Bundeszentrale für politische Bildung. 2014.

Porter, Marilyn. "Book Review: The Future of Feminism". *AJWS*, Vol.17 N0.4. 2011. pp.120~124.

Schönberg, Karl. "EZE/EED funding of women programs and organizations since 1980". unpublished report. 2010.

UN WOMEN. "Driving the Gender-Responsive Implementation of the 2030 Agenda for Sustainable Development". New York. 2016.

UN WOMEN. "Monitoring Gender Equality and The Empowerment of Women and Girls in the 2030 Agenda for Sustainable Development: Opportunities and Challenges". New York. 2015.

UN WOMEN. "A Transformative Stand-Alone Goal on Achieving Gender Equality. Women's Right and Women's Empowerment: Imperatives and Key Components". New York. 2013.

Walby, Sylvia. *The Future of Feminism*. Cambridge: Polity Press. 2011.

Zerilli, Linda M. G. *Feminism and the Abyss of Freedom*. Chicago: Chicago University Press. 2005.